AF461593

NOUVEAUX ELEMENS DE CHANT.

ou

L'ESSAY D'UNE NOUVELLE DE'COUVERTE qu'on a faite dans L'ART DE CHANTER.

Laquelle débarasse entierement le PLEIN-CHANT & la MUSIQUE de Clefs, de Notes, de Muances, de Guidons ou Renvois, de Lignes & d'Espaces, de b. mol, b. quarre, nature, *&c. en rend la pratique tres-simple, tres-naturelle, & tres-facile à retenir, sans y alterer rien dans la substance : & fournit de plus, une Tablature generale, aisée, & invariable, pour tous les Instrumens de Musique.* *

INVENTION CONFORME A LA NATURE.

Qui donne, par le moyen des Nombres, toute la facilité que l'Art peut donner, & partant qui peut estre vtile generalement à toutes sortes de personnes: à ceux qui ne sçavent pas le Chant, pour l'apprendre parfaitement en tres-peu de temps; aux personnes Ecclesiastiques qui le sçavent, ou qui doivent l'apprendre, pour ne le point sçavoir superficiellement ny par routine, mais solidement, & pour avoir tout le Chant de l'Eglise inseré dans les Missels, Breviaires, Diurnaux, &c. correctement, commodément, toutes choses à leurs places ; à ceux qui n'ont appris que le Plein-Chant, & qui aiment la Musique, pour en entonner les quatre Parties également bien comme ils font celuy-là, & avec la mesme facilité, pour en remarquer aisément toutes les proportions & tous les accords, qui est la voye de la Composition, & pour copier toutes sortes d'Airs, & de Pieces, aussi promtement & aussi nettement qu'ils écrivent toute autre chose; aux Maistres & à leurs Disciples, pour épargner beaucoup de temps, de peine, & de papier: pour mettre enfin leurs Compositions ou leurs Leçons dans vn ordre si clair & si peu embarassé, qu'elles seront tres-intelligibles, & tres-faciles à retenir & à pratiquer.

ET PAREILLEMENT

A ceux qui se plaisent aux Instrumens, & qui y ont de la disposition, pour apprendre facilement à les toucher ; à ceux qui les sçavent toucher & qui ne sçavent pas le Chant, pour l'apprendre en les touchant, & comme par divertissement, sans presque avoir besoin d'autres Maistres; aux vns & aux autres, pour joüer indifferemment, outre les Pieces qui sont propres aux Instrumens, toutes sortes d'Airs & de Parties de Musique, à livre ouvert & sans aucune Tablature.

Obloquitur numeris septem discrimina vocum. *Æneid.*

* *Afin qu'on puisse porter de ceci vn jugement certain, sans prendre de longs détours où l'on s'égare quelquefois, on doit remarquer; Que pour bien juger de la bonté ou de la fausseté d'vne Invention qui concerne vn Art, il ne s'agit purement que de deux choses, de voir si elle le facilite & si elle l'abbrege, sans toutefois l'alterer : c'est ce qui a fait que l'Imprimerie & tant d'autres Inventions vtiles ou necessaires dans le commerce de la vie, ont esté receuës & embrassées si vniversellement & si promtement. Ainsi ces deux mots comprennent tout en cas d'Invention,* FACILITER ET ABREGER : *de sorte que si l'on n'a pas fait cela dans cette Methode, on n'a rien fait, mais si on l'a fait, on a fait tout ce qu'il falloit faire,* Omne tulit punctum qui miscuit utile dulci.

A PARIS,
Chez [illegible] DE PETIT, Imprimeur & Libraire ordinaire du Roy, ruë S. Iacques, à la Croix d'Or. 1677.
AVEC PRIVILEGE DE SA MAIESTE'.

AVERTISSEMENT.

PLusieurs personnes d'vne pieté & d'vne science eminente, ayant jug apres d'excellens Maistres, qu'on avoit réüssi dans le dessein qu'o s'estoit proposé de rendre l'Art de Chanter aussi familier que l'A de lire, ou d'écrire, & les Livres de Chant aussi communs, & aus portatifs que les autres, ont souhaitté que celuy qui avoit entrepr l'execution de ce dessein, qu'ils ont estimé tres-important & tres-vtile, e fist voir vn Essay, avec quelque legere Instruction qui en facilitast l'inte ligence, auparavant que de donner sa Methode au Public. C'est à qu il a obeï d'autant plus volontiers, qu'outre la soûmission qu'il doit à c personnes illustres, il sçait que dans les choses de cette nature il est toûjou avantageux d'entendre les sentimens de plusieurs; joint que n'ayant vn quement pour but, que le service de l'Eglise, & l'vtilité du Public, o ne sçauroit l'obliger davantage, qu'en luy donnant occasion de faire mieux & en l'avertissant charitablement de ce qu'il y auroit à changer, ou à ad joûter, dans son dessein, pour le rendre plus parfait & plus achevé. O supplie donc humblement ceux à qui la lecture de cet Essay pourra do ner quelques nouvelles veuës sur ce sujet, de vouloir bien les communiqu au Libraire, afin qu'il en fasse part à l'Auteur, qui se défera sans pe ne de ses propres sentimens pour suivre ceux des autres qui seront trouve plus raisonnables & plus justes que les siens. Au reste, il tâchera de sati faire dans sa Methode, toutes les personnes qui ne seront pas préoccupée & de rendre les choses qui semblent maintenant extremément confuses, claires & si faciles, qu'on peut esperer que l'Art de Chanter paroist plûtost vn divertissement vtile & agreable, qu'vn exercice embara sant & penible. Et quoy qu'il ait principalement en veuë de faciliter Plein-Chant, [a] *son dessein estant de tâcher que toutes les Eglises soient pa tout abondamment fournies de Livres, & tous les Chœurs de Voix, que l'v niformité & l'integrité se voyent dans ceux-là, & la science dans celles-c on ose neantmoins assûrer, que par sa Methode, il est facile de se procure tous les avantages qui se trouvent dans la Musique, quand on en sçait fai vn vsage bien reglé. Vn excellent Auteur* [b] *a compris tous ces avantage en peu de paroles, avec lesquelles on finit;* Musica vniversæ hominu vitæ est vtilis, piæ ad devotionem, sapienti ad scientiam, solitari ad recreationem, domesticæ & publicæ ad animi moderationem sanæ ad corporis temperationem, jucundæ ad oblectationem. *Il eu pû ajoûter,* mœstæ & afflictæ ad consolationem & levamen. *car bie qu'on ne puisse pas dire cela de la Musique profane, puis que comme d l'Ecriture,* Musica in luctu importuna narratio; *il se trouve cependan veritable & se doit dire de la Musique sacrée, selon l'aveu qu'en fait l Prophete, ce Chantre celebre d'Israël* [c]; Renuit consolari anima mea memor fui Dei, & delectatus sum.

[a] Vt in Ecclesia quotidie & solenniter celebretur obsequium debitæ servitutis, sitque in cantu, sic in psalmis observantia jugis: hoc est enim sacrificium laudis, quo Dominus postulat honorari. *Petr. Blesens. Ep.* 78.

[b] Lippius.

[c] *Psal.* 76.

IDE'E GENERALE.

Dans laquelle on fait voir les principaux fondemens de cette Methode, & de tout l'Art de Chanter.

CEs nouveaux Elemens sont fondez sur deux principes; L'vn est de rejetter generalement tout ce qui est obscur, ou qui peut embarasser dans l'étude & dans la pratique du Chant: L'autre, de ne rien admettre qui ne soit tres-clair, tres-intelligible, & pour ainsi dire, qui ne porte avec soy vn certain caractere de simplicité & d'évidence Geometrique.

1. Ainsi on rejette absolument de cette Methode, toutes sortes de Clefs, on n'y reçoit point les differences ordinaires de *b. mol* & de *b. quarre*, quoy que ce qu'on entend par B. MOL & B. QVARRE, y pratique tres-exactement: on bannit enfin, & les Notes, & les Lignes, & choses semblables qui dégoûtent la plusspart, de l'étude d'vn Art si innocent & si beau. [a]

2. On marque distinctement les 7. differens Sons ou Degrez de l'Octave, qui est la Periode naturelle de la Voix, & consequemment tous les Sons qui se peuvent faire dans le Chant, & dans la Symphonie, par les sept premiers caracteres des Nombres, pris dans leur progression naturelle & Arithmetique, en cette maniere.

1 2 3 4 5 6 7 1.

3. On donne à ces sept differens Nombres les mesmes noms qu'on donne communément aux Notes de la Methode ordinaire; 1 s'appelle *Vt*, 2 *Re*, 3 *Mi*, 4 *Fa*, 5 *Sol*, 6 *La*, 7 *Si*. ou bien, si on aime mieux ainsi, 1 s'appellera *Vn*, 2 *Deux*, 3 *Trois*, 4 *Quart*, 5 *Cinq*, 6 *Six*, 7 *Sept*, on choisira, car cela est indifferent.

4. On ne touche point aux Intervalles [b] qui se trouvent entre ces Nombres ou Degrez, & qui y font la difference des Sons; les Intervalles ne sont point arbitraires comme les Notes, c'est la Nature elle mesme qui les a tous compassez; l'Art & la Voix doivent s'y conformer, & ne sçauroient mieux réüssir. Ainsi d'1 à 2, ou de 2 à 1 (car qu'on monte ou qu'on descende, l'Intervalle demeure toûjours le mesme) il y a regulierement vn Ton, de 2 à 3 vn Ton, de 3 à 4 vn Demy-ton seulement, de 4 à 5 vn Ton, de 5 à 6 vn Ton, de 6 à 7 vn Ton, de 7 à 1. c'est à dire, d'vn Etage [c] à l'autre, vn Demy-ton seulement. Neanmoins il peut arriver trois

a Quæ enim mora mutationum, confusio clavium, substitutio vocum? Videas plerosque an indigneris, bonam ætatem impendisse huic arti & exiguum tamen profecisse, perfectos annis priusquam ejusmodi lectione! Difficultas sc. obstat, ignorantiamque plerisque facit. *Puteanus apud Alstedium.*

Διὰ πασῶν. *Diapason.* i. e. Semel per singulos gradus.

b INTERVALLE *est l'espace qui se trouve entre 2 Degrez, dont l'vn est plus bas que l'autre: ou bien, c'est la difference de 2. Sons, dont l'vn est grave & l'autre aigu.*

c ETAGE. *On appellera ainsi les 7. Degrez pris dans leur*

ſuite naturelle, depuis 1. juſqu'à 7.

choſes à ces Degrez, (& cela ſe voit ſouvent dans la Muſique qui apporteront quelque changement dans ces Intervalles, ſçavoi la Tranſpoſition, le Diéſe, & le Tremblement pur.

5. On marque la Tranſpoſition,[d] qui ſe fait diverſement ſur le Degrez 3 7 & 4, par vn meſme trait de plume, ou de burin, qu tranche chacun de ces Nombres, comme on voit que le ſont ce lettres ℣ ℞. [d] En ce cas 3̷ & 7̷ qui feroient 2. Signes de *b. mol* dan la Methode commune, s'appellent *Fa* ou *Za*, & 4̷ qui feroit le Si gne de *b. quarre*, *Mi*, ou bien on ne change rien dans le nom ſi l'o ne veut, mais il faut toûjours changer l'Intervalle & le Son, c'e à dire, abaiſſer 3 & 7 vn Demy-ton plus bas vers 2 & 6, & au con traire élever 4 vn Demy-ton plus haut vers 5, en vn mot, ne fair qu'vn Demy-ton de 2 à 3̷ de 4̷ à 5 & de 6 à 7̷, & faire vn To entier de 3̷ à 4, de 3 à 4̷, & de 7̷ à 1.

d On ſera obligé de la marquer dans cet Eſſay, par vn [t] qui precedera immediatement le Nombre qu'il faudra tranſpoſer, ſçavoir, [t3 t4 t7], & qui voudra dire, transpoſez ce Degré : *au defaut des caracteres propres, que l'Imprimerie n'a pas encore, mais dont elle ſe fournira avec le tems.*

LABORE ET CONSTANTIA.

De ces trois Nombres ou Degrez, on ne trãſpoſe jamais dans le Plein-Chant, que le ſeul Degré t7, qui eſt cette Note qui s'y voit precedée d'vn b. mol, & qu'on a de coûtume d'appeller Za, ou Fa feint.

6. On marque le Diéſe, qui ſe fait ſur tous les Degrez, except ſur 3 & ſur 7 qui ſont preſque la meſme choſe, par vn Point In terrogant [?] qui les precede, & qui fait qu'on éleve chacun de ce Degrez vn Demy-ton au deſſus de ſon aſſiette naturelle, avec v certain tremblement de voix agreable & fort doux.

7. On marque enfin le Trẽblement pur, ou cette flexion & agrée ment de voix qui devance ordinairement vne cadence, & qui ſe fai ſur tous les Degrez ſans exception, par vn Point Admiratif [!] qu ſemble mieux l'exprimer qu'on ne peut le décrire. Cette flexio ou tranſport harmonieux, ne change pas proprement l'Intervalle mais elle oblige à appuyer agreablement ſur les ports de voix, & faire les tranſitions avec beaucoup de délicateſſe & de grace.

8. On diſpoſe tellement ces Nombres dans le Chant, que s'il doivent faire vne liaiſon, c'eſt à dire, s'il en faut entonner plu ſieurs de ſuite ſur vne meſme ſyllabe, on les approche tous égale ment les vns des autres, comme on fait les lettres dans vn meſm mot [e]; & ſi cette liaiſon eſtoit fort grande, on laiſſe tant ſoi peu d'eſpace à chaque lieu où la voix a beſoin de reſpirer, afi que les Chantres & tout le Chœur puiſſent s'y arreſter, & repren dre de concert. Les Nombres qui ne ſont pas liez gardent à pe prés la meſme diſtance entre eux, que les Voyelles qui ſoûtien nent le Son des Syllabes auſquelles ces Nombres répondent.

e Comme la main n'eſt pas toûjours ſi aſſurée ny ſi juſte que l'impreſſion, quand on copiera quelque Piéce où il y aura des liaiſons marquées, outre qu'il faut approcher tous les Nombres également, comme on vient de dire, il ſeroit encore bon de

9. On marque encore trois Nombres, détachez des autres & en vironnez de quelque ornement, au commencement de chaque Piece, leſquels en font voir toute l'étenduë en vn clin d'œil, & donnent lieu de prendre toûjours vn Ton juſte & proportionné à la capacité de la voix, ou à la plus grande partie de celles qui com poſent le Chœur; ceux qui le frequentent ſçavent l'importance de cela. Le premier de ces trois Nombres eſt le plus bas Degré

ui soit dans la Piece, celuy du milieu est le Degré mesme par où lle commence, & le dernier des trois est le plus haut où elle arrive. i l'on veut encore marquer le Degré dominant, qui est tres-tile pour le Chœur, on peut le placer au dessus.

10. On applique les Nombres aux Instrumens tres-facilement; n'est besoin que d'attacher ou de concevoir sur chacune de leurs 'ouches celuy qui luy convient, suivant le rang qu'il tient dans Octave, & cette Touche sur l'Instrument. Chaque Nombre tant ainsi attaché, ou pour mieux dire, imaginé, demeure fixe invariable comme la Touche mesme sur laquelle on le conçoit; dénote sans erreur, qu'il faut indispensablement porter le oigt sur cette Touche, autant de fois qu'vn Nombre semblable rencontre sur le papier. C'est aux Maistres à montrer le fin de urs Instrumens, pour le fond il n'y a point d'autre mystere, quelie Instrument que ce puisse estre f: & s'il y a quelque difference, omme il est impossible qu'il n'y en ait dans vne multitude si grande, le ne peut consister qu'en ce que les vns n'ont qu'vne seule Octave étenduë, les autres en ont deux consecutives & completes, les itres trois, & les autres quatre, car on ne passe point plus outre, tout cela est renfermé dans les premieres Tables de cet Essay.

11. On prétend que cette Methode fera à peu prés le mesme fet dans l'Art de Chanter, que feroit dans le monde vne Langue ii y seroit receuë generalement de tous. Chaque Instrument t maintenant comme vn idiôme ou vne Langue particuliere, rançois, Italien, Allemand, &c. Chacun d'eux veritablement, explique fort bien en sa maniere: mais il ne se fait pas entenre de mesme. Vne personne par exemple, qui sçait la Tablature du eorbe ne sçait pas celle de la Viole, & celuy qui sçait celle de la iole ne se connoist pas à celle du Luth, de mesme que celuy qui ait celle du Luth n'a pas l'intelligence de celle du Clavecin & l'Epinette, à moins qu'il n'eust appris tous ces differens idiômes parément: mais par le moyen des Nombres, que chacun appliuera comme on vient de dire, il ne sera pas besoin de se donner nt de peine: celuy qui entendra le langage ou la Tablature d'vn istrument, entendra facilement le langage de tous, puis que us s'expriment par Nombres, qui est vne Langue vniverselle & able, qui fait naistre vne communication tres-vtile entre toutes s Voix, toutes les Parties, & tous les Instrumens. On ne croit as que cela puisse apporter aucun préjudice ny aux Maistres, ny qui que ce soit.g Les Maistres à la verité, ne garderont pas leurs coliers si long-tems qu'ils ont de coûtume, mais ce sera le profit le contentement des vns & des autres: car s'ils les tiennent peu, s en auront vn bien plus grand nombre, & la perte qu'ils pour-

tirer vn trait de plume au dessous de chaque liaison, lequel s'étendist tout autant que ses Nõbres, afin de les mieux distinguer. Ex. 12/54 123/323 4321/565432 *& ainsi des autres.*

f *Il est vray qu'il y a des Instrumens sur lesquels il se fait certains accords qu'on ne peut pas faire sur les autres, & qu'il y en a où il ne s'en fait point du tout; mais cela vient ou de leur étenduë, qui n'est pas la mesme, ou de la differente disposition de leurs Touches: enfin il n'y en a aucun qui puisse échapper aux Nombres, de la maniere qu'on les voit disposez dans ces Tables.*

g *Encore qu'absolumẽt parlant, on pût apprendre le chant & les*

roient faire d'vn costé, sera avantageusement reparée de l'autre ainsi on espere si cette Methode réüssit, que chacun aura lie d'estre content, qui est ce qu'on a particulierement recherche Et d'autant plus, que ces Nombres ne donnent pas seulement l facilité pour le Chant & pour les Instrumens, mais encore pour l Composition; & que lors qu'on s'en sera formé l'habitude, o pourra composer vn Air ou vne Piece de Musique, comme o compose presentemēt vn Sonnet, ou quelqu'autre Piece de Poësi

12. Il n'est pas difficile de reduire toutes sortes de Chants & de Pieces par Nombres, quand on connoist parfaitement les nom des Notes: Il n'y a qu'à marquer toûjours 1 au lieu d'vne Not qui s'appelle *Vt*, 2 au lieu de celle qui s'appelle *Re*, & ainsi du reste comme on voit dans cet Essay, sans se mettre en peine si cett Note est par *b. mol* ou par *b. quarre*, en *G re sol vt*, ou en *A mi la re* sous vne telle *Clef* ou sous vne autre, dans vn *Espace* ou sur vn *Ligne*, avec *Muance* ou sans *Muance*. Il est vray-semblable qu'o s'étonnera vn jour, comment on a pû s'arrester à ces embarra onereux, durant tant de siecles, voyant la Nature d'vne part, & entendant les Instrumens de l'autre, qui disoient d'vne voix intelligible & si éloquente, qu'on devoit les bannir, & ne pas s'e servir comme on faisoit, pour corrompre leur simplicité.

13. Lors qu'on chante sur le Livre, ou que l'on touche quelqu Piece sur vn Instrument, on passe toûjours successivement & im mediatement d'vn Nombre à l'autre, depuis le premier jusqu'a dernier, les faisant tous valoir, & les entonnant ou les touchan distinctement, sans en omettre vn seul, si ce n'est qu'il falût abre ger quelque liaison trop longue & trop importune. On doit su tout prendre garde à bien faire tous les Intervalles, car c'est c qu'il y a de plus important. L'Art ne permet pas à la Voix d'en fair de plus de sept sortes par vn seul mouvement. [h] Ces 7. especes d'In tervalles sont, 1. Les *Secondes*, lors que deux Nombres se touchen immediatement dans l'ordre naturel des Nombres ou des Etages c'est à dire, lors que la Voix passant d'vn Degré ou d'vn Nombre l'autre, elle n'en peut omettre aucun. Les *Tierces*, lors qu'elle e omet 1. entre les deux. Les *Quartes*, lors qu'elle en omet 2. Le *Quintes*, lors qu'elle en omet 3. Les *Sixtes*, lors qu'elle en omet 4 Les *Septiémes*, lors qu'elle en omet 5. Les *Octaves* enfin, lor qu'elle en omet 6. *Non plus vltra. L'Vnisson*, ou le mesme Son plusieurs fois reïteré, n'est pas vn Intervalle non plus que l'Vnite n'est pas vn Nombre, mais il se trouve dans tous les Intervalles & en est le fondement, de mesme que l'Vnité se trouve dans tous les Nombres dont elle est l'origine & le principe.

14. Il y a 7. Individus, autant que de Nombres, dans chacune

Instrumens de soy-mesme, par la facilité que donnent ces Nombres, il ne s'ensuit pas cependant qu'on doive negliger de prendre vn Maistre: Quand vn Maistre ne seroit pas necessaire, il est toûjours vtile, sur tout dans les commencemens, soit pour la conduite de la voix, soit pour la direction des doigts; & si on n'a pas besoin de beaucoup de regles ny de preceptes, on a au moins besoin de beaucoup d'imitation & d'exemples. BREVE ITER PER EXEMPLA.

h *Voicy l'étenduë de chacune. Les* Secondes mineures *ont vn Demy-ton, les* majeures *vn Ton entier. Les* Tierces mineures *vn Ton & demy, les* majeures *deux Tons. Les* Quartes *deux Tons & demy. Les* Quintes *trois Tons & demy. (L'intervalle de trois Tons n'est* de ces especes. Les 7. *Quartes*, les 7. *Quintes*, & les 7. *Octaves*, sont toutes égales, & s'entonnent également, qui en sçait vne les sçait toutes; les *Secondes* au contraire, les *Tierces*, les *Sixtes* & les *Septiémes*, (ces deux-cy sont rares, & la derniere fait dissonance) se subdivisent en *majeures* & *mineures* inégalement, & s'entonnent de mesme. Les *majeures* embrassēt vn Demy-ton plus que les mineures, sous la mesme quantité de Degrez, & sont toutes égales dans chaque espece; les *mineures* par consequent, ont vn Demy-ton moins que les majeures, & sont pareillement égales entre elles, c'est toute la difference des vnes & des autres.

point tolerable.) Les Sixtes mineures *quatre Tons, les* majeures *quatre Tons & demy. Les* Septiémes mineures *cinq Tons, les* majeures *cinq Tons & demy. Les* Octaves *cinq Tons & deux Demy-Tons.*

15. Apres la voix d'vn Maistre, rien ne peut mieux faciliter la pratique de tous ces differens Intervalles, que les Sons d'vn Instrument, comme rien ne les peut mieux faire comprendre que la Table suivante, dans laquelle ils sont tous compassez; ou explicitement, comme les *Secondes majeures*, & *mineures*, qui sont les Tons & les Demy-tons, designez par T. & par D. ou implicitement, comme les six autres especes plus grandes qui resultent necessairement de cette premiere, cette Table se doit bien peser.

La Table qui suit est comme la pierre de touche de ces Intervalles: c'est sur elle qu'il les faut tous examiner, pour les bien connoistre.

DEVX OCTAVES CONSECVTIVES qui renferment la juste portée de la Voix.

1 T 2 T 3 D 4 T 5 T 6 T 7 D 1. T 2. T 3. D 4. T 5. T 6. T 7. D 1;
Vt. re. mi. fa. sol. la. si. Vt. re. mi. fa. sol. la. si. Vt.
Vn. deux. trois. quart. cinq. six. sept. Vn. deux. trois. quart. cinq. six. sept. Vn.

Les mesmes Octaves, avec les Transpositions marquées.

1 T 2 D 3 T 4 T 5 T 6 D 7 T 1. T 2. T 3. T 4. D 5. T 6. D 7. T 1;
Vt. re. fa. *fa. sol. la.* fa. *Vt. re. mi.* mi. *sol. la.* fa. *Vt*
Vn. deux. trois quart. cinq. six. sept. Vn. deux. trois. quart. cinq. six. sept. Vn.

Δὶς διὰ πασῶν. i. e. Bis per singulos gradus. *Vide Erasm. in Adag. qui festivè & doctissimè.*

OBSERVATION.

1. Quoy que la Voix n'ait pas naturellement, ou au moins agréablement, plus de deux Octaves, ou quinze Degrez d'étenduë, comme on voit dans cette Table, & qu'aucun Chant par consequent n'en puisse pas renfermer davantage [i], cependant parce qu'on peut commencer & finir également ces deux Octaves par chacun des 7. Nombres, comme on a fait icy par 1. on ne sçauroit se dispenser d'en admettre au moins trois consecutives qui renferment tout cela, & qui embrassent necessairement trois Etages, ou les sept Degrez pris trois fois de suite, dans le mesme ordre, avec la mesme force, & par le mesme redoublement de Voix.

i *Il est mesme tres-rare d'en voir qui y arrivent, il y a toûjours quelques Degrez à dire: & en effet, cela repugneroit non seulement au Mode, mais au bon sens, d'accabler la Voix en travaillant pour la Voix.*

2. k On connoist les Nombres du premier ou plus bas Etage, pa vne Virgule qui les distingue [1,] les Nombres du second, par leu simplicité [2], & ceux du troisiéme par vn Point [3.] Si l'on veu en ajoûter vn quatriéme pour l'Orgue & pour le Clavecin, (ca ces trois suffisent pour tous les autres Instrumens) on pourra le di stinguer par vn Point & vne Virgule [4;] ou par tel autre signe qu'o jugera plus à propos; & ce 4. Etage aura la mesme proportio avec le troisiéme, que le troisiéme a avec le second, ou le secon avec le premier: car comme tous ces Etages sont la mesme chos estant considerez separément, il est necessaire qu'ils gardent la mes me proportion & la mesme subordination estant pris conjointe ment. Ainsi il y a la mesme facilité, & il est tres-indifferent, d'en tonner ou le 1 & le 2, ou le 2 & le 3, ou le 3 & le 4, pourveu qu'o prenne chacune de ces trois Combinaisons au ton naturel de f voix; car elles ne sont qu'vne mesme chose en differente éleva tion, & ne different pas davantage l'vne de l'autre, qu'vn homm differe de luy-mesme lors qu'il se trouve successivement au bas vers le milieu, & au sommet d'vne montagne. Cet homme pou changer d'élevation ne change pas de nature; il est le mesme, & également connoissable par tout: ces Etages pareillement.

3. Qui voudroit suivre scrupuleusement l'ordre que la Nature étably parmy les Voix, & que l'Art qui l'imite, observe entre se Parties, dans les Concerts, & dans le Chœurs de Musique, on s serviroit toûjours de la premiere Combinaison, c'est à dire, du & 2. Etages, pour marquer les *Basses* de Musique, lesquelles ré pondent aux *Voix graves*, qui sont dans la nature; de la second ou du 2. & 3. Etages; pour marquer les *Tailles* & le *Plein-Chant* qui répondent aux *Voix-moyennes*; & de la troisiéme, ou du 3. & 4 Etages, pour marquer les *Dessus*, qui répondent aux *Voix aiguës* mais cela n'est pas si absolument necessaire qu'on ne puisse e vser d'vne autre maniere; & quand toutes les Parties seroien marquées par vne mesme Combinaison, il ne s'en ensuivroit aucu inconvenient, puis qu'elles sont assez distinguées par leur dispo sition, joint que chaque Voix prenant naturellement le Ton o l'élevation qui luy est propre fait cette difference d'elle-mesme Neantmoins on garde ordinairement cet ordre dans les Basse & dans les Tailles, mais pour le Plein-Chant, & pour les Dessus on n'y est pas tout à fait si scrupuleux: Le Plein-Chant se peu marquer indifferemment ou par le 1. & 2. Etages, ou par le 2. & 3 selon qu'on trouve plus à propos, & les Dessus vont raremen jusqu'au 4. ce qui montre que la troisiéme Combinaison est pres que inutile, & que trois Etages suffisent pour toutes sortes d Voix, de Chants, & de Parties, en voicy le modele.

k Si on voit que le Public gouste cette METHODE *on fera graver exactement, & fondre des caracteres de Nõbres, de toutes les grosseurs, ausquels on attachera en mesme tems, quelques Signes particuliers, pour distinguer ces Etages ou cette difference d'élevation, avec plus de grace & moins d'embarras: & ce sera alors qu'on pensera serieusement à la Musique: car si cette Methode est receuë pour l'vn, elle le doit estre pour l'autre, la consequence est necessaire, & inévitable.*

Mais jusqu'à ce qu'on ait arresté quels doivent estre ces Signes, on peut s'en tenir à ce que l'on voit pratiqué dans cet Essay: marquer vn Point lors qu'on veut monter au dessus des 7. Nombres simples, qui doivent regner le plus dans le Chant à cause de leur simplicité, & se servir d'vne Virgule lors qu'on veut descendre au dessous. Il n'y faut point plus de façons,

TROI-

ROIS OCTAVES CONSECVTIVES

qui embrassent toute la capacité de la Voix.

2, 3, 4, 5, 6, 7, 1 2 3 4 5 6 7 1. 2. 3. 4. 5. 6. 7. 1;
t. re. mi. fa. sol. la. si. Vt. re. mi. fa. sol. la. si. Vt. re. mi. fa. sol. la. si. Vt.

Τρὶς διὰ πασῶν. i. e. Ter per singulos gradus.

OBSERVATION.

1. Vn plus grand nombre d'Etages ne serviroit en effet, qu'à embarasser, & 3. valent autant que mille, puis qu'ils renferment étenduë naturelle de la Voix en toutes les manieres qu'elle se peut aire.[1] Encore que la Virgule & le Point, dont on s'est servi pour istinguer le 1. & le 3. soient 2. Signes assez simples & assez faciles former, cependant on juge bien qu'il seroit mieux de s'en passer, cela se pouvoit, & il n'est pas impossible.

2. 1°. On peut les éviter dans tous les Livres de Plein-Chant, imrimez ou manuscrits, par la diversité des couleurs noire & rouge, ce mélange n'est pas vne chose qui soit extraordinaire dans les ivres d'Eglise. 2. On peut faire graver exprés des Nombres qui orteront leur distinction avec eux, & qui n'embarasseront pas avantage que les Nombres simples. 3. On peut ne se servir que de Etage simple, mettant seulement quelques Points & quelques irgules aux endroits où autrement l'on pourroit se méprendre, ais ce moyen présuppose vne connoissance parfaite de cette Table, & la science entiere de l'Intonation. On le donnera ailleurs.

. Ces 3. Octaves sont proprement l'Alphabet du Chant, chaque egré en est vne lettre : & comme il est impossible de pouvoir mais bien lire si on ne sçait donner à toutes les lettres leur juste aleur, de mesme il est impossible de pouvoir jamais bien chanter, l'on ne sçait pas entonner tous ces Degrez dans l'exactitude d'Intervalles, & avec la justesse de Voix qu'ils exigent. Et puis qu'on compare les Degrez du Chant aux lettres de l'Alphabet, il mble qu'on peut aussi comparer les moyens d'apprendre à chanter aux moyens d'apprendre à lire, & suivant cette idée, enseigner Chant ou cette Methode, comme on enseigneroit la lecture. hacun sçait, que lors qu'on montre les premiers Elemens à vn nfant on fait ce qui suit. 1. On luy apprend à connoistre & à ommer parfaitement toutes ses lettres de suite, en deux ou trois anieres : c'est à quoy seront destinées la I. & la II. Table de Intonation. 2. On luy fait lier ces lettres deux à deux, en toues les manieres qu'elles peuvent estre liées, c'est à dire, qu'on y apprend à en faire des syllabes, ce qui s'appelle icy Consonan-

*on doit seulement se souvenir, qu'vn Nombre suivy d'vne Virgule est vne Octave plus bas que n'est le mesme Nombre simple, & ce mesme Nombre simple vne Octave plus bas que n'est le mesme Nombre suivy d'vn Point. Exemple de tous, *1,1 1.* *2,2 2 *3,3 3.* *4,4 4.*5,5 5.* *6,6 6.*7,7 7.* Le premier des trois est le Ton naturel des Voix graves, le second est celuy des Voix moyennes, & le troisiéme celuy des Voix aiguës, qui sont celles des enfans & des filles.*

[1] Si le Chant n'exige qu'vn de ces Etages, on doit se servir des Nõbres simples du second pour le noter; s'il en exige deux, ce qui se voit ordinairement, il faut prevoir auparavant que d'écrire, lequel des deux

fournit le plus de Nombres, si c'est celuy de dessous on se sert des Nombres simples & du Point, & si c'est celuy de dessus, on employe les mesmes Nombres simples & la Virgule; mais si tous les trois se rencontrent ensemble, cõme il arrive quelquefois, il n'y a point à choisir, le premier tient le plus bas lieu, & fournit seulement quelques Degrez de sa fin, le second se trouve au milieu, & est dans toute son étenduë, & le troisiéme a le plus haut rang, & ne fournit que peu de Degrez de son commencement.

ces, c'est ce qu'enseignera la III. Table prise de gauche à droit par bandes; chaque bande contient tous les differens Intervalle d'vn mesme Diapason ou Octave. 3. On luy fait lier plusieurs d ces syllabes ensemble pour composer differens mots, c'est ce qu'o trouvera dans la mesme Table prise de haut en bas, par colomnes chaque colomne renferme tous les differens Intervalles d'vne mes me espece. 4 On luy fait lire distinctement plusieurs mots fa ciles & agreables, de suite, c'est ce qu'on fera dans la IV. qui e la Table des Modes, laquelle contient tous les accords qu'on sçau roit faire regulierement dans chaque Diapason, & par consequen dans la Musique, & sur les Instrumens. 5. On l'exerce, ou il s'e xerce luy mesme, à lire des periodes & des pages entieres, com mençant par les plus faciles & passant à celles qui le sont moins on aura cela dans les Exemples qu'on a donnez à la fin de cet Essay 6. De là on le fait passer ailleurs, & continuer assiduëment dan ce mesme exercice, jusqu'à ce qu'enfin il sçache lire par tout livre ouvert, sans broncher ny hesiter aucunement; c'est ce qu fourniront tous les livres & tous les Auteurs qu'on voudra reduir dans cette Methode. Tout cela sort de ces trois Octaves, où il e renfermé comme vne rose dans son bouton, ou comme vn fleuv l'est dans sa source.

4 Mais afin de rendre cette Idée plus generale, & qu'elle puiss embrasser entierement & exactement tout ce que les Voix on de portée, & tous les Instrumens d'étenduë, il sera bon d'ajoûte encore vne Octave, & de finir cette 1. Partie, en exposant aux yeu

QVATRE OCTAVES CONSECVTIVES
qui comprennent l'étenduë entiere de l'Art de Chanter.

Τεσσάκις διὰ πασῶν. i. e. Quater per singulos gradus.

1. Etage *Grave.* 2. Etage *Simple.* 3. Etage *Ponctué.* 4. Etage. *Aigu.*

1, 2, 3, 4, 5, 6, 7, 1 2 3 4 5 6 7 1. 2. 3. 4. 5. 6. 7 1; 2; 3; 4; 5; 6; 7; 1*
Vt. re. mi. fa sol. la. si. Vt. re. mi. fa sol. la. si Vt. re. mi. fa. sol. la. si. Vt. re. mi. fa. sol. la. si. Vt.

& qu'on partage selon la difference des Voix & des Parties, en

TROIS COMBINAISONS SEMBLABLES.

III. *Dessus.* Voix *aiguës.* 3. & 4. *Etages.*
1. 2. 3. 4. 5 6 7. 1; 2; 3; 4; 5; 6; 7; 1*
Vt. re. mi. fa sol. la. si. Vt. re. mi. fa. sol. la si. Vt.

II. *Tailles.* Voix *moyennes.* 2. & 3. *Etages.*
1 2 3 4 5 6 7 1. 2. 3. 4. 5. 6. 7. 1;
Vt. re. mi. fa sol la. si. Vt. re. mi. fa. sol la. si. Vt.

I. *Basses.* Voix *graves.* 1. & 2. *Etages.*
1, 2, 3, 4, 5, 6, 7, 1 2 3 4 5 6 7 1
Vt. re mi. fa. sol. la. si. Vt. re. mi. fa. sol. la. si. Vt.

IDE'E PLUS DISTINCTE.

Dans laquelle on montre quelles sont les Especes de l'Art de Chanter, & en quoy elles different.

L'Art de Chanter est partagé par deux Especes qui l'épuisent entierement ; sçavoir, l'Intonation des Nombres, & la lesure des Nombres, c'est à dire, la diversité des Sons, & l'iné- ılité de la durée ou de l'étenduë des Sons, autrement le PLEIN- 'HANT & la MVSIQVE.

PREMIERE PARTIE.

ı. L'INTONATION, qui est commune à l'vne & à l'autre de ces 2. speces, consiste à sçavoir bien entonner 2. Octaves de suite, ınt en montant qu'en descendant, premierement par Nombres ou egrez conjoints, puis par Nombres ou Degrez éloignez. Les ıs & les autres sont marquez avec assez de methode dans les ables qui suivent, [m] lesquelles sont faciles à apprendre, & si cer- .ines, que lors qu'on les sçaura parfaitement, on ne pourra bron- her dans quelque Chant que ce puisse estre, & mesme il seroit ıtant difficile, ou impossible d'oublier cet Art, qu'il est dif- cile d'oublier à lire quand on l'a vne fois bien appris.

I. La PREMIERE de ces Tables se peut apprendre facilement en ıe Leçon, avec le secours d'vn Maistre, ou pour le moins d'vn In- rument, qui dirigent & qui apprennent à bien conduire la voix ar tous les Degrez ; car cela est absolument necessaire, puis que ns la science de cette Table, on ne doit pas esperer de sçavoir mais le Chant, & avec elle on pourroit en vn besoin, l'apprendre ırfaitement de soy-mesme. Ceux qui n'auroient pas la voix Tez étenduë, ny assez forte pour pouvoir fournir à 2. Octaves ıtieres, peuvent n'en faire qu'vne seule, qui est la moitié de la 'able, & cela suffit, puisque la seconde Octave n'est proprement ı'vne replique de la premiere, en montant, comme la premiere 'est qu'vne replique de la seconde, en descendant.

II. La SECONDE Table ne differe en rien de la Premiere, sinon ue les sept Diapasons qui estoient vnis dans celle-là, sont étachez dans celle-cy, chacun dans son ordre, qui est celuy ıesme des Nombres, 1. 2. 3. &c. & on doit les entonner de la ıesme maniere, passant immediatement d'vn Diapason à l'au- 'e, & prévoyant de commencer le premier fort bas, afin que voix puisse facilement fournir à tous, le second vn Degré plus aut que le premier, & ainsi consecutivement de tous, jusqu'au ptiéme, qui est le dernier dans cet ordre, & le plus élevé. Il

m *Quoy qu'on ne se soit servy dans les 3. premieres, que du 2. & du 3. Etage, on pouvoit se servir également du 1 & du 2. puis qu'il y a la mesme proportion ; mais on a preferé le 2. & le 3. parce qu'ils embarrassent moins, & que le Point s'ajuste mieux avec les Nombres que ne fait pas la Virgule ; c'est tout ce que l'Imprimerie a pû fournir de plus simple,* Magnas inter opes inops.

Cette replique de Nombres & d'Etages ne doit épouvanter personne : c'est plustost ce qui donne vne grande facilité à ceux qui ne sçavent simplement que le Plein-Chant, d'entonner é-

galement bien quelque Piece de Musique que ce puisse estre; De fait, la Virgule ou le Point ne change pas

sera facile de prendre chacun des sept dans sa juste élevation, dans tous l'on descend les mesmes Degrez qu'on a monté, o plûtost, si estant arrivé au huitiéme & dernier Degré de chacur on reprend tout à coup le 1. qui est le mesme, omettant tou les autres, & faisant l'Octave en bas, par vn seul mouvement d

Entonner deux Octaves de suite par Degrez conjoints. I. TABL

1°. MONTANT *de Degré en Degré, du Son grave à l'aigu.*

1. LEÇON.

1 2 3 4 5 6 7 1. 2. 3. 4. 5. 6. 7.

2°. DESCENDANT *de Degré en Degré, du Son aigu au grave.*

1; 7. 6. 5. 4. 3. 2. 1. 7 6 5 4 3 2

Entonner ces deux mesmes Octaves d'vne autre maniere, prenant to les 7. Diapasons *separément par Degrez conjoints.* II. TABLE.

2. LEÇON.

I. 1 2 3 4 5 6 7 1.

II. 2 3 4 5 6 7 1. 2.

III. 3 4 5 6 7 1. 2. 3.

IV. 4 5 6 7 1. 2. 3. 4.

V. 5 6 7 1. 2. 3. 4. 5.

VI. 6 7 1. 2. 3. 4. 5. 6.

VII. 7 1. 2. 3. 4. 5. 6. 7.

la nature des Nombres; ce sont toûjours les mesmes Degrez, les mesmes Intervalles, & les mesmes proportions: il n'y a rien enfin qui

voix, puis rentrant par vne Seconde ou Degré conjoint, dans Diapason qui suit. Si l'on prenoit ces 7. mesmes Diapasons e descendant, il faudroit commencer par le dernier & le prend fort haut, c'est à dire, faire le contraire de ce qu'on a fait e montant. Et si l'on ne veut pas y garder tant d'exactitude, c qu'on apprehende de forcer par trop sa voix, quoy qu'il fust bo de la rompre, & de ne la pas flatter beaucoup dans ces commer cemens, on peut les prendre tous sept à l'Vnisson, c'est à dire, au mesme Ton, sans difference de grave ny d'aigu, ce que l'on peut faire aussi dans la Table suivante; car dans le fond, il importe peu à quel Ton ou élevation de voix on les prenne, pourveu qu'on y puisse fournir, & qu'on les sçache tous bien entonner.

differe, que la subordination d'vn Etage à l'autre. Au reste, ces Nombres sont des Signes si ex-

ntonner ces mesmes Diapasons *par Degrez éloignez; autrement, faire tous les differens Intervalles qu'on peut faire dans l'Art.* III. TABLE.

1. EN MONTANT. ✣ 2. EN DESCENDANT.

DIAPASONS.	VNISSONS.	*Secondes.*	*Tierces.*	*Quartes.*	*Quintes.*	*Sixtes.*	*Septiémes.*	*Octaves.*	*Secondes.*	*Tierces.*	*Quartes.*	*Quintes.*	*Sixtes.*	*Septiémes.*	*Octaves.*	
	11	12	13	14	15	16	17	11.	1.7	1.6	1.5	1.4	1.3	1.2	1.1	3. LEÇON.
I.	22	23	24	25	26	27	21.	22.	2.1.	2.7	2.6	2.5	2.4	2.3	2.2	4. LEÇON.
I.	33	34	35	36	37	31.	32.	33.	3.2.	3.1.	3.7	3.6	3.5	3.4	3.3	5. LEÇON.
7.	41	45	46	47	41.	42.	43.	44.	4.3.	4.2.	4.1.	4.7	4.6	4.5	4.4	6. LEÇON.
.	55	56	57	51.	52.	53.	54.	55.	5.4.	5.3.	5.2.	5.1.	5.7	5.6	5.5	7. LEÇON.
I.	66	67	61.	62.	63.	64.	65.	66.	6.5.	6.4.	6.3.	6.2.	6.1.	6.7	6.6	8. LEÇON.
II.	77	71.	72.	73.	74.	75.	76.	77.	7.6.	7.5.	7.4.	7.3.	7.2.	7.1.	7.7	9. LEÇON.

ntonner enfin les douze Modes, ou les sept Diapasons, *divisez* 1° Harmoniquement *de Quinte en Quarte.* 2° Arithmetiquement *de Quarte en Quinte.* IV. TABLE.

I.	II.	III.	IV.	V.	VI.	
1 3 5 1.	2 4 6 2.	3 5 7 3.	4 6 1. 4.	5 7 2. 5.	6 1. 3. 6.	*Division Harmonique.*
5, 1 3 5	6, 2 4 6	7, 3 5 7	1 4 6 1.	2 5 7 2.	3 6 1. 3.	10. LEÇON. *Division Arithmetique.*
j.	ij.	iij.	iv.	v.	vj.	

III. La TROISIEME Table differe de la Premiere & de la Seconde, a ce que la Voix qui montoit & descendoit dans celles-là par Degrez onjoints, doit monter & descendre dans celle cy, par Degrez searez, qui est ce qu'il y a de plus difficile dans l'Art. Aussi quiconue possede bien cette Table, peut dire qu'il sçait tout ce qu'il est ecessaire de sçavoir pour posseder parfaitement l'Art de Chanter: ar elle comprend seule toute la science de l'Intonation, & tous les

pressifs, & l'ordre des Etages est vne chose si naturelle, qu'vn Enfant mesme n'ignore pas, que d'vn moindre Nombre à vn plus haut,

differens Intervalles que la Voix ſçauroit faire regulierement. Tous les Chants qu'on a jamais composez, tous ceux qu'on pourroit faire (le nombre n'en eſt pas concevable) ſont neceſſairement renfermez dans quelqu'vn de ces ſept Diapaſons, c'eſt à dire, dans quelqu'vn des douze Modes de la Quatriéme: & ne ſont ny ne ſçauroient eſtre autre choſe qu'vne repetition, vn mélange, & vn tiſſu perpetuel d'Vniſſons, de Secondes, de Tierces, de Quartes, de Quintes, de Sixtes, de Septiémes & d'Octaves; qui eſtant liées enſemble & arrangées avec diſcernement & avec Art, produiſent toutes ces differentes Harmonies qui font le ſujet de nos admirations, & qui exercent quelquefois vn empire abſolu ſur nos ſens.

Cette Table, comme on voit, a ſes rangs & elle a ſes colomnes chaque rang contient vne Octave ou Diapaſon, avec tous les differens Intervalles qu'on y peut faire, tant en montant qu'en deſcendant, & on n'y en peut faire que ſept, puis qu'il n'y a que 7. differens Nombres, & que chaque Nombre ou Degré ne peut s'allier à vn autre Nombre, avec Intervalle ou difference de Son, qu'en ſept differentes manieres. Chaque colomne renferme vne des 7. eſpeces d'Intervalles qu'on a expliquées cy-deſſus, & qui prennent leur nom du nombre ou de la quantité de Degrez qu'elles embraſſent c'eſt à dire, qu'elle réünit tous les Intervalles ſemblables qui ſont diſperſez dans chaque rang. C'eſt par ces rangs qu'on doit commencer à apprendre cette Table, & on doit ſe contenter d'en apprendre vn par Leçon, & ne point paſſer à celuy qui ſuit, qu'on ne ſçache parfaitement celuy qui precede. Il eſt encore à propos de les apprendre tous de la meſme maniere qu'on a appris les Degrez conjoints de la Premiere & Seconde Tables, c'eſt à dire, d'entonner tout d'vne ſuite, les ſept differens Intervalles qui ſe trouvent dans chacun, reglant exactement ſa voix ſur celle de quelque excellent Maiſtre, ou ſur les Sons d'vn Inſtrument bien d'accord & bien touché.

On aura pû y remarquer que les *Quartes* ſont toutes *mineures* c'eſt à dire, qu'elles n'ont que deux Tons & demy d'Intervalle & les *Quintes* toutes *majeures*, c'eſt à dire, qu'elles renferment trois Tons & vn Demy-ton; car [47] qui ſeroit la ſeule Quarte majeure, & [74.] qui ſeroit la ſeule Quinte mineure, ſont *fauſſes* l'vn & l'autre, & font vn *Triton* ou vn Intervalle de trois Tons, qui produit vne diſſonance ſi deſagreable que l'oreille ne la ſçauroit du tout ſouffrir. On les bannit donc entierement de l'Art de Chanter, & on les évite, lors qu'elles ſe rencontrent, ou plûtoſt on les corrige, & on les reduit à la juſteſſe des autres, par la tranſpoſition de l'vn des deux Degrez qui les compoſent, mais plus ſouvent du Degré 7.

[n] On peut omettre toutes les *Septiémes*, qui ſont plûtoſt vne Diſſonance qu'vn accord, & qui ſe rencontrent tres-rarement: mais

& du 1. Etage au 2. ou du 2. au 3. il y a à monter, & au contraire, que d'vn plus haut Nombre à vn moindre, & du 3. Etage au 2. ou du 2. au 1. il y a à deſcendre: ſoit que c'eſt vne maxime inviolable, & qui n'eſt pas difficile à comprendre, qu'on ne monte point du 1. Etage au 3. ny qu'on ne deſcend point du 3. au 1. qu'on ne paſſe & qu'on ne s'arreſte dans le 2. parce qu'autrement, la Voix feroit de neceſſité, vn Intervalle plus étendu que l'Octave, qui ſeroit vn mouvement tres-irregulier, & qui n'eſt pas receu dans l'Art. Toutes ces choſes dépendent veritablement des Mathematiques, mais cela ne doit pas faire de peine; car on les a tellement épurées, afin de ſe rendre intelligible à tous, qu'il n'y a que ceux qui ſont ſçavans dãs cette ſcience admirable qui le puiſſent apprevoir.

n CONSONANCE *eſt l'agreable tempera-*

pendant qui font beaucoup plus fupportables que n'eft pas le riton. Il ne s'en voit dans tout le Plein-Chant, que trois ou quatre ; fi les Maiftres de Mufique s'en fervent quelquefois dans leurs eces, c'eft à deffein, & pour faire mieux paroiftre la bonté des cords, de mefme que les Peintres affectent quelquefois des omes & certaines obfcuritez dans leurs Tableaux, pour relever davantage l'éclat des couleurs. Ayant ainfi appris tous ces rangs, on it enfuite parcourir toutes les colomnes, de la maniere qui plaira plus, car cela eft libre, & paffer enfin à la Quatriéme Table, qui celle des Modes. °

V. La QVATRIEME Table eft bien plus agreable & plus divertiffante qu'elle n'eft difficile; on la deftine pour la dixiéme Leçon. Elle nferme tous les plus parfaits accords qu'on fçauroit faire, & que reille puiffe entendre, comme on experimentera, fi l'on touche it à la fois fur vn Inftrument, ou tous, ou partie des Degrez qui mpofent chacun de fes Modes. Il faut remarquer qu'elle eft d'vne tréme confequence dans l'Art, & que fi on ne l'entend parfaitent il eft impoffible de compofer jufte aucune Piece, ny de bien ger d'aucune Compofition : enfin les douze Modes qu'elle comend font dans la Mufique, avec leurs cordes ou cadences, ce que it les trois Genres fi celebres, avec leurs figures & leurs tropes, ns la Rhetorique, & ce qu'eft le Syllogifme avec fes principes & dépendances, dans l'Art de penfer.

La divifion des fept Diapafons precedens en deux Confonances gales, c'eft à dire en Quinte & en Quarte, ou au contraire, en arte & en Quinte, (car il eft impoffible d'en divifer aucun Diaiquement, en forte qu'il y ait égalité d'Intervalles ou de Tons part & d'autre) produit ces douze Modes. Chaque Diapafon fournit deux : l'vn *Authentique* ou principal, qui naift de la ifion Harmonique de l'Octave, lors qu'on met la Quinte la miere, & qu'elle fert de bafe à la Quarte ; l'autre *Plagal* ou llateral, qui eft formé de la divifion Arithmetique, lors qu'au ntraire on met la Quarte devant la Quinte, ce qui n'eft pas fi rmonieux. Il n'y a que le quatriéme, & le feptiéme Diapafon, i n'en forment qu'vn, celuy-cy ne pouvant eftre partagé Haroniquement, ny celuy-là Arithmetiquement, parce que l'vne & utre de ces divifions produiroit neceffairement vne Quarte & e Quinte fauffes, fçavoir [474] & [7 4.7.] ce que l'oreille ne ut fupporter : ainfi il ne refte en tout, que douze Modes legitis, qui font ceux qu'on a marquez dans la Table ; fix Authenties, qui occupent le rang de Deffus, & fix Plagaux, qui leur répondent au deffous, chaque Plagal à fon Authentique. L'vn & utre ont leur Quinte commune, & fe communiquent par confe-

ment de deux Sons differens, qui frappent l'oreille avec beaucoup d'vniformité & de douceur.

DISSONANCE *au contraire, eft lors que le Son grave & l'aigu font vn mélange ingrat, dont la rudeffe & l'inégalité bleffent l'oreille.*

° MODE *dans la Mufique, eft vne certaine fuite & difpofition de Degrez, d'Intervalles, & de Cadences, qui par leur varieté rendent l'harmonie d'vn Chant, lequel eft compofé fous vn tel Mode, entierement differente de l'harmonie d'vn autre Chant qui fuit vn autre Mode. C'eft là ce qui donne lieu aux Maiftres qui excellent, de faire répondre inviolablement leurs Chants à leurs Sujets, qui eft la plus haute perfection de l'Art, & l'écueil ordinaire des ignorans ; c'eft à dire, d'exprimer par leurs Sons, tout ce que nous exprimons par nos paroles, & d'avoir le fecret de faire que l'air du Chant foit gay,*

quent toutes leurs cadences, quoy que ce soit dans vne élevatio differente, puisque le Mode Authentique s'éleve toûjours vn Quarte au dessus de son Plagal, & que le Mode Plagal descend vn Quarte plus bas que son Authentique. p L'vn & l'autre partagen encore leur Quinte en deux Tierces, maieure & mineure, (la Quart ne se partage point) & de ces deux divisions de l'Octave, & de l Quinte, il en resulte Quatre Degrez ou quatre Nombres, qui son les cadences regulieres & parfaites, ou les cordes principales & plus naturelles de chaque Mode, sç. 1. le premier & plus bas Degr de l'Octave, 2. le dernier & le plus haut, 3. le Degré de la divi sion de l'Octave, 4. & le Degré de la division de la Quinte. q Ce quatre cordes ou cadences, estant appliquées bien à propos, font l mesme effet dans le Chant, que les Virgules, les Points, & v sens, avec des mots & des Periodes d'élite, dans le discours. Le quatre Degrez qu'on voit omis dans tous, sont les cordes qui n' sont point naturelles, ou les cadences qui y sont irregulieres. L plus bas Degré de la Quinte est la Finale de chaque Mode, & le plus haut en est la Dominante dans les Modes Authentiques, ma dans les Modes Plagaux, c'est le Degré de sa division, & dans quel ques vns, c'est celuy d'aprés, qui est le penultiéme de l'Octave.

Ce qui fait la difference de ces Modes, & generalement de to le Chant, n'est autre chose que le Demy-ton, qui est l'ame de l'ha monie, & qu'on place diversement. En transposant ce Demy-to dans tous les 7. [t7] qui se rencontrent, r on peut transposer e tierement & tous ces Modes & toutes sortes d'Airs, vne Quint plus bas, ou vne Quarte plus haut, le Chant demeurant toûjours mesme, & n'y ayant seulement difference que de Nombres: & a contraire, en le transposant dans tous les 4. [t4] on peut transpos entierement les mesmes, ou vne Quarte plus bas ou vne Quinte pl haut qu'ils ne seroient dans leur naturel, sans que cela y apport aucune alteration, sinon celle qu'on vient de dire: ce qui est fo vtile & fort commode pour les Instrumens, soit pour les accord facilement avec les Voix, soit pour en accorder differens ensembl

On peut voir ce qu'on trouve icy omis, dans les Auteurs q ont traité de ces Modes au long, ou attendre la Methode. Il e vray que la pluspart de ces Auteurs sont si obscurs en ce lieu d leurs écrits, soit que la difficulté de la matiere ne leur ait pas pe mis d'estre plus clairs, ou pour quelque autre raison qu'on ne p netre pas, qu'il semble que cet endroit soit vn veritable Laby rinthe, embarassé de plus de détours que n'estoit celuy de Crete mais peut-estre que cette Table aidera à s'en démesler, & qu'elle fera trouver quelque issuë, pourveu toutefois qu'on la prenne du bo sens, c'est à dire, qu'on n'aille pas s'arrester à pointiller sur d nom

si la matiere est joyeuse, lugubre si elle est triste; & que tout y paroisse noble & naturel, rien de bas ny de forcé.

p La QVINTE, *& la* QVARTE *qui partagent l'*OCTAVE, *sont les plus doux accords aprés elle, & l'Vnisson. La 1. a retenu dans les Auteurs Latins le nom qu'elle avoit receu des Grecs,* Διὰ πέντε. *Diapente.* i. e. per quinque gradus. *& la 2.* Διὰ τεσσάρων. *Diatessaron.* i. e. per quatuor.

q *Les* CADENCES *d'un Mode sont certains Degrez sur lesquels la Voix tombe agreablement & souvent; pour le moins à la fin de chaque sens & de chaque Periode.*

La Cadence FINALE *est le Degré par lequel la Voix doit finir, & le Chant se conclure.*

La DOMINANTE *est celuy sur lequel il tient le plus ferme, & où la Voix se trouve le plus frequemment.*

r *Ce n'est pas la*

›ms, qui ne font rien à la chose, & sur vn ordre, qui ne peut jamais ‹tre plus beau que le naturel.

Quoy qu'il en soit, ces Modes ont des proprietez surprenantes, vns excitent la joye, les autres tirent des larmes, tous font ıistre differentes passions ou differens mouvemens dans l'ame : & cst à presumer, que les noms qu'on leur donne encore mainte-.nt d'*Ionien*, *Dorien*, *Phrygien*, *Lydien*, *Mixolydien*, *Æolien*, &c. ennent ou de ce que ces Nations les ont inventez, ou plûtost ce qu'elles se servoient des vns plus volontiers que des autres, .on que la differente harmonie de ces Modes produisoit des effets ‹s conformes à leurs inclinations, & au panchant qu'ils avoient ur le vice ou pour la vertu. L'Eglise a trouvé heureusement le ›yen de les faire tous servir à la devotion & à la pieté; il seroit ılement à souhaitter qu'on eust rendu son Chant un peu plus syl-›ique qu'il n'est pas, principalement en certains endroits où il se ‹t de longues suites & des traisnées ennuyeuses de Notes, dont pourroit retrancher plus de la juste moitié, sans faire tort ny a devotion, ny au Mode.

Ces QVATRE TABLES renferment donc entierement, & si l'on s'est pas trompé, assez methodiquement, les principes & la science ‹iere de l'Intonation, qu'on a regardée de tout temps comme e chose tres-épineuse, (on en avoit sujet) & qu'on peut dire estre ‹t ce qu'il y a de plus necessaire & de plus solide dans l'Art. Lors 'on les sçaura parfaitement, on doit passer aussi-tost dans les Li-:s (dont on ne manquera point, si cette Methode est agreée du Pu-c) & y appliquer ces Tables à la Lettre, ce qui n'est pas difficile, qu'on peut faire de soy-mesme, quand on sçait tres-bien la Note. doit estre là l'ordre & la methode de l'Intonation, qu'on n'a expliquée plus au long, dans la crainte de l'obscurcir en pen-‹t luy donner du jour : en tout cas, il y aura toûjours assez lieu l'étendre dans la Methode, si l'on voit qu'il en soit besoin. ‹ssons aux Elemens & aux Mesures

difference des Degrez, mais c'est la difference des Intervalles qui fait la difference des Sons & du Chant : de sorte que si les Degrez sont differens, & que les Intervalles soient les mesmes & gardent le mesme ordre de part & d'autre, le Chant ne varie point, quoy que les Nombres soient divers, c'est toûjours le mesme Air, c'est la mesme Intonation ; il n'y a par exemple, aucune difference entre entonner 12 & entonner 45 ou 3t4 : 34 & 71. ou 6t7 : 123 & 456 ou 567: 1234 & 45617 ou 5671.: 12345 & 456t71. ou 5671.2.: 123456 & 456t71.2. ou 5671.2.3.: 12345671. & 456t71.2.3 4 ou 5671.2.3 t4 5. On voit par ces exemples, combien il est facile de transposer toutes sortes d'Airs, de Chants, &c.

DE LA MVSIQVE.

SECONDE PARTIE.

.. LES MESVRES, qui sont particulieres à la Musique, & i font sa principale difference d'avec le Plein-Chant, consistent ‹endre ou à faire durer les Sons les vns plus, les autres moins, & eillement à faire des Pauses les unes plus longues, les autres plus ‹rtes, suivant que les Signes qui en marquent l'étenduë ou la antité, ont plus ou moins de valeur. On ne rapporte point icy raisons qu'on avoit de n'y pas toucher, ny celles qu'on a euës le faire, il suffit de dire ce qu'on y a fait.

D'abord qu'on eut remarqué, que les Musiciens admettoient 8.

f Cette Progression se fait lors que le premier de deux termes consecutifs est contenu précisement deux fois dans le second, le second deux fois dans le troisiéme le troisiéme deux fois, dans le quatriéme, & toûjours de mesme jusques à l'infiny. Exemple dans les Nombres qui répond à ces Lettres : 1. 2. 4. 8 16. 32. 64. 128. D'où il faut conclure, que b c'est à dire, vn Nombre ou un Son mesuré par b, doit durer autant que a a, ou que 2. Sons mesurez chacun par a : c autant que b b & que a a a a : d autant que c c, que b b b b, & que 8. a : e enfin, autant que d d, que cccc, que 8. b. & que 16. a : & par la raison inverse, que

sortes de valeurs dans leurs Notes, & pareil nombre dans leurs Pa ses, qui sont les mesmes & reglées par le mesme Battement da les vnes que dans les autres (encore qu'ils les marquent d'vne m niere bien differente) ; on crût qu'il seroit non seulement facile les appliquer à ces Nombres, mais encore qu'on pouvoit apport la mesme netteté dans les Mesures qu'on croyoit avoir fait da l'Intonation, & que tout ainsi que les 7. premiers caracteres d Nombres pris dans leur progression Arithmetique, marquoie avec beaucoup d'ordre & de clarté les 7. differens Sons de la Sir phonie & du Chant, de mesme les 8. premiers caracteres des Le tres pris dans vne progression Geometrique & en raison double telle qu'est celle de ces 8. valeurs, pouvoient marquer fort nett ment & fort distinctement les 8 sortes de Mesures & de Pau qui sont en vsage dans la Musique.

Ainsi on attacha l'idée d'étenduë aux Lettres, comme on avc fait celle de Son aux Nombres, & on donna à ces 8 (a b c d e f g vne valeur proportionnée, en cette sorte : On consideroit *a*, da les Mesures, comme on fait l'Unité dans les Nombres, & le Poi dans les Lignes, c'est à dire, comme vne valeur ou étenduë Son indivisible, qui estoit la moindre de toutes, & entroit da toutes. Elle faisoit [*a*] vn quart de tems, ou la seiziéme partie d'v Mesure ; *b* vn demy tems, ou la huitiéme partie d'vne Mesur *c* vn temps, ou vn quart de Mesure ; *d* deux tems, ou demy M sure ; *e* vne Mesure entiere ; *f* 2. Mesures, *g* 4. Mesures ; *h* enfi 8 Mesures. L'*i*, ou l'*iota*, aprés vne de ces Lettres augmentoit valeur de moitié, & l'*ff.* double à la fin d'vne Piece, estoit la M sure finale ou le point d'Orgue, vne Table expliquera cela mieu

MESVRES OV VALEVRS DE MVSIQV

avec les proportions qu'elles gardent entre elles.

16. a *vallent*	a	a	a	a	a	a	a	a	a	a	a	a	a	a	a	a
8. b *vallent*	b		b		b		b		b		b		b		b	
4. c *vallent*	c				c				c				c			
2. d *vallent*	d								d							
1. e *vaut*	VNE								e				MESVRE.			

f *vaut* 2 *Mesures.* | g 4 *Mesures.* | h 8 *Mesures.* | ff. *est la Mesure finale*

b c d avec i ſç bi ci di, &c. vallent plus de moitié, que ne font b. c d &c. seuls.

On trouvoit ces Lettres assez naturelles & assez simples, nea moins dans la crainte qu'on a euë depuis, qu'elles ne partagea ent l'attention au lieu de la réünir, à cause qu'elles sont vne ligne eparée des Nombres, comme on verra dans cet Essay, on a cher- hé vne voye qui fût plus commode, & on a trouvé, ce semble fort propos, les Signes de la Poësie. La Poësie & la Musique sont deux œurs ou deux Compagnes qui se ressemblent beaucoup d'air & e visage, qui s'aiment extrémement ensemble, & qui toutes 2. 1archent également par cadences & par nombres; ainsi on ne doit as trouver étrange que l'vne emprunte quelque chose de l'autre, y que celle-là preste les Signes avec lesquels elle mesure les yllabes & les pieds de ses Vers, & dont elle se sert peu, à celle-cy, ui en a besoin, pour mesurer les Sons & les Pauses de de ses ieces. Ces Signes s'accorderont parfaitement bien avec les Nom- res, & les vns & les autres estant incorporez ou gravez ensemble, e feront qu'vne mesme ligne, qui n'est pas vn embarras.

La Poësie a trois sortes de Signes, les *Breves* [ᴗ], les *Longues* [-] : l'*anceps*, ou Signe douteux [ˇ] : les Bréves marqueront donc les :ms de Musique au lieu de c, les Longues les demy-mesures au lieu : d, & l'*anceps*, la Mesure finale au lieu d'ff. car la derniere Me- re d'vne Piece est en quelque façon comme la derniere Syllabe vn Vers, *Longa sit anne brevis nullum discrimen habetur.*

De ces breves & de ces longues on en a formé les six autres va- urs en la maniere qui suit; les breves renversées [ᴖ] marqueront s demy-temps au lieu de b, & la moitié de ce renversement, qui t proprement ou vne Virgule ou vn Apostrophe ['], le quart de mps au lieu d'a. Les longues jointes deux ensemble oblique- ent [^], ce qui s'appelle vn circonflexe, en termes de Gram- aire, & qui forme vn veritable angle, en fait de Mathemati- ıes, marqueront vne mesure entiere au lieu d'e, vn *Tau* [T], qui ontient deux angles, deux mesures au lieu d'f, vne simple croix [+] ui en comprend quatre, 4 mesures au lieu de g, & vne double oix, ou vne croix de Lorraine [‡], qui en renferme huit, 8 me- res au lieu d'h. Vn Point [.] mis apres vn de ces Signes au lieu : l'*iota*, en augmentera la valeur de moitié, & vn accent aigu ['], 1 vn trait de plume équivalent, separera toutes les Mesures.

Comme les trois derniers Signes marquent vne étenduë capable : lasser la Voix, ils ne mesurent presque jamais que des Pauses, ais les cinq autres qui sont marquez & compassez dans la Table, ant vne étenduë plus naturelle & plus conforme à la durée de Voix, mesurent indifferemment les Sons & les Pauses; les Sons, on les place directement sur des Nombres, les Pauses ou le si- nce, si on ne met au contraire, aucuns Nombres au dessous eux qu'ils puissent mesurer, cette distinction est facile & suffit.

Enfin, comme la Mesure, qu'on appelle ainsi par excellence, est

1 Mesvres & Pavses en deux manieres.
a ' quart de T.
b ᴖ demy T.
c ᴗ quart de M.
d - demy T.
e ^ Mesvre.
f T deux M.
g + quatre M.
h ‡ huit M.
i . moitié plus.
bi ᴖ. & demy.
ci ᴗ. & demy.
di -. & demy.
ff. ˇ M. finale.
| ' separation.

2 *Quoy que le Plein-Chant n'ait pas besoin de ces valeurs, puisque tous les Sons y ont vne étenduë égale, si l'on excepte ceux qui se rencontrent sur la penultiéme bréve d'vn mot, lesquels doivent suivre la quantité de la Syllabe, & qu'il ne faut que toucher; cependant on pourroit en employer quelques vnes pour oster deux grands défauts qui se voyent fort frequemment dans les Chœurs qui ne sont pas*

la regle des autres valeurs, de mesme le Battement est la regl des Mesures; s'il est viste il faut qu'elles durent moins; s'il est lent elles doivent durer davantage : & toutes les autres valeurs (qui son entraisnées par cette Mesure, comme les autres cieux par le pre mier Mobile) à proportion. Les Musiciens en distinguent de troi sortes, à 4. à 3. & à 2. tems, qu'ils battent en deux differentes ma nieres, ou gravement ou legerement : En voicy toutes les diffe rences exprimées par autant de chiffres Romains, qui marquen qu'il faut battre la Mesure d'vne Piece,

IV. à 4. tems *gravement*, deux en frappant, & deux en levant
III. à 3. tems gravement, deux en frappant & vn en levant.
II. à 2. tems gravement, vn en frappant, & vn en levant.
Iij. à 3. tems gravement, & diminuë toutes les valeurs de moiti
iv. à 4. tems *legerement*, deux en frappant, &c. *comme dessus.*
iij. à 3. tems legerement, deux en frappant, &c.
ij. à 2. tems legerement, vn en frappant, &c.

Si le Battement se fait à quatre tems, on bat chaque tems s chaque quart de Mesure; s'il se fait à trois, sur chaque tiers; s'il ne se fait qu'à deux, sur chaque moitié.

Vn R capital suivi immediatement de 2 Points [R:] vers le m lieu d'vne Piece, marque qu'il en faut repeter le commencemen & n'estant suivi que d'vn seul [R.] là ou ailleurs, il montre le lie où l'on en doit faire la reprise lors qu'on est à la fin. Les 2 Poin seuls [:] marquent la separation de 2 Vers, & quelque fleuron distinction des parties d'vne Piece, vne difference de Chant, &c

Voilà succinctement ce que l'on peut dire, & toutes les instr ctions qu'on peut donner dans vn Essay informe, tel qu'est celu cy : Il ne renferme simplement que ce qui est necessaire pour fai connoistre quel est le dessein de l'Auteur, & pour pouvoir porter jugement. C'est pourquoy on supplie ceux qui voudro bien se donner la peine de le lire & d'en faire l'examen, de su pléer à plusieurs défauts tant d'expression que d'impression, qu' n'a pas pû éviter : comme il a fallu pour ainsi dire, tirer la plu part des choses qu'on y rapporte hors du neant, on a esté obli de ne les pas quitter de veuë, & de les disposer comme on a pû de la maniere qu'on a pû, à mesure qu'elles se sont presenté On aura donc la bonté de les considerer, non comme elles y son mais comme elles y devroient estre, & comme elles y seroie en effet, si on avoit les caracteres dont on a besoin, & sans l quels l'Imprimerie ne peut donner aucun Ouvrage dans la perf ction qu'on le souhaitte, & que ce dessein demande.

On craint bien mesme qu'on ne se soit par trop exposé, part culierement au fait de la Musique, osant donner à des person

tres-bien reglez. Car ou l'on y precipite, ou l'on traisne, qui sont deux extremitez également blasmables; & rarement on y garde cette mediocrité qui est requise en toutes choses excepté dans la charité, où il n'y a point de mesures à garder, dit le devot S. Bernard, Modus diligendi Deum est diligere sine modo. *Il semble donc, que pour garder plus d'ordre, & pour se conformer à l'intention de l'Eglise, il faudroit distinguer le Chant comme elle a fait ses Offices & ses Festes : On pourroit, par ex. y fixer de trois manieres de chanter dont on ne s'écarteroit jamais, & qu'on marqueroit par trois valeurs convenables* b c d, *qui regleroient la durée des Sons, & qui feroient dans les Chœurs ce que fait la mesure ou le battement dans les concerts.* b. *marqueroit qu'vne telle chose se doit chanter legerement ou rondement, sans precipitation*

élicates & difficiles des exemples si imparfaits : car pour le Plein-hant, s'il y a des défauts, comme on n'en doute point, la charité a excusera, mais pour la Musique, des personnes s'en meslent qui ay semblablement ne sont gueres propres à excuser. Il y en ura entre autres, qui se persuaderont que c'est leur faire injure & isulte, que de vouloir donner des regles d'vn Art dans lequel s croyent exceller, & dont on n'a jamais fait profession, & ils e manqueront pas, bien ou mal, d'objecter cet ancien Proverbe, *Te vities Musicam.* Pourquoy, diront-ils, troubler la Musique ? s ne prennent pas garde, que ceux qui font les meilleurs In-rumens ne sont pas toûjours ceux qui les touchent le plus delica-ment : & on pourroit leur répondre assez à propos par vn autre roverbe, *Serere ne dubites.* [x] Pourquoy ne pas faciliter la Musi-ue ? mais on répondra ailleurs à cela & à tout, plus solidement l est necessaire : on les prie seulement de considerer les peines u'ils ont euës autrefois, pour apprendre ce qu'ils sçavent, & ls estoient encore dans le mesme estat, combien ils se tien-oient obligez à qui voudroit leur applanir & leur abreger vn emin si rude & si long. Enfin, on ne croit point avoir merité reproche, mais on ne peut pas contenter tout le monde, *ne upiter quidem omnibus placet* ; & on joüiroit de trop de bonheur y bas, si les préjugez n'y triomphoient jamais de la raison. Pour pondre donc en peu de paroles, il suffit de dire, qu'on n'a pas availlé à cette Invention pour les Maistres, ny pour ceux qui avent parfaitement Plein-Chant & Musique, mais pour ceux ui ne sçavent ny l'un ny l'autre, & qui ne peuvent pas donner out le tems & toute l'application qu'il y faut necessairement onner pour les bien apprendre, suivant la Methode commune. n a mesme hesité fort long-tems si l'on devoit toucher à vne ose si delicate que la Musique, & on ne s'y seroit jamais voulu ngager, si l'étenduë de ce dessein ne l'eust exigé ainsi ; & de plus, l'on n'eust eu en veuë de satisfaire à la pieté de plusieurs Fideles, ui non contens d'avoir appris le Plein-Chant, afin d'avoir occa-on de loüer Dieu plus dignement dans ses Temples, voudront ncore apprendre la Musique, afin de le glorifier de mesme dans urs familles, & suivant le conseil de l'Apostre, *de pouvoir s'entre-nir, s'instruire & s'exhorter les vns les autres par des Pseaumes, des Iymnes & des Cantiques spirituels, chantant de cœur avec edification s loüanges du Seigneur.*

C'estoit autrefois la sainte occupation, & la loüable pratique des remiers Chrestiens,* dont toutes les voix estoient comme autant e celestes échô, qui faisoient retentir incessamment en tous lieux s merveilles de Dieu, & toutes les familles comme autant de Tem-

neanmoins ; c pleinement ou quarrement ; d gravement ou lentement, sans toutefois traisner : ainsi personne ne suivroit son caprice, & tous chanteroient uniformément, mais cela n'est qu'une belle idée ; on sçait ceux à qui il appartient d'en faire une realité, quand il leur plaira : & on n'a garde d'estre assez temeraire, que d'oser donner des regles aux personnes de qui on doit les recevoir.

x Rusticanum adagium, sed non insulsum. Quo monemur, ne quando pigeat ejusmodi rerum aliquid moliri, á quibus nihil omninò dispendii, plurimũ emolumenti possit proficisci, si non in præsens, certe in posterum, si non nobis, at saltem posteris. *Erasm.*

Ephes. c.5 v.19. *Coloss.* c.3. v.16.

* *Voyez le témoignage des PP* pag. 24. à la marge.

ples consacrez à la gloire & à la Majesté de son auguste Nom; & cette pratique qui d'ailleurs est si sainte, a paru tellement naturell à quelques Peres de l'Eglise, * qu'ils se sont servis de l'exempl des autres creatures pour nous y porter. Rien ne seroit si édifian en effet, ny si recommandable parmy des Catholiques, & dans de familles Chrestiennes, que d'y faire renaistre cette ancienne & religieuse coûtume : Rien si digne du zele des Peres & des Meres que d'y former de bonne heure leurs enfans, & de les animer eux mesmes par leur exemple, à chanter dans vne parfaite vnion d cœurs & de voix, des Hymnes, des Pseaumes & des Cantique pieux, comme on faisoit dans ces siecles de pureté & d'innocence au lieu de tant de divertissemens, ou vains ou illicites, qu'on leu permet, dans lesquels on les éleve & ausquels ils s'occupent, c'es trop peu dire inutilement, mais imprudemment tout le reste de leu vie; puis qu'outre la perte du tems laquelle est irreparable, ils s'ex posent souvent à la perte du salut, qui n'a point de prix, & que ce divertissemens, pour la pluspart, sont funestes à la pieté, porten au libertinage & à l'irreligion, & causent enfin tous les autres des ordres que chacun sçait, & qu'il n'est pas besoin d'expliquer.

Les Chants & les entretiens spirituels que l'Apostre nous con seille, & ausquels les SS. Peres nous exhortent, * font naistre a contraire, & entretiennent toûjours de pieux sentimens dan l'ame, bannissent du cœur ces flâmes impures & coupables, & n' inspirent rien qu'vn amour tout chaste & tout pur. On pourroi encore, sans aucun scrupule, joindre les Instrumens avec les Voix dans ces devots & religieux concerts : car tout doit servir Dieu, outre que ce seroit vne espece de reparation & d'amend honorable qu'on luy feroit, de ce que peut-estre on les a fait ser vir davantage au monde qu'à luy. On atteste icy toutes les per sonnes équitables, & qui conservent quelques sentimens de pieté si l'on peut se divertir plus innocemment, & si aprés les devoir de religion envers Dieu, & les exercices de charité envers le pro chain, on peut employer plus saintement & plus Chrestienne ment, qu'à ces actions de graces & d'vne deuë reconnoissance, le jours de Dimanches & de Festes, dont la pluspart des Chrestien font vne profanation criminelle & scandaleuse, au grand opprobr du Christianisme & de l'Eglise.

Si donc on pouvoit avoir contribué par le moyen de cette Me thode, à détourner vn si grand mal & à avancer vn si grand bien comme il n'est pas entierement à desesperer, *Si non nobis, at salten posteris*, & qu'avec cela, on eust encore pû déraciner du Plein Chant (de cecy on n'en peut presque douter) les épines qui y pul luloient ou qui y renaissoient toûjours, n'auroit-on pas eu vn succé

*Venit in mentem avium natura, quæ cum eunt cubitum, quasi peracto lætæ munere, æthera cantu mulcere consuerunt: quod velut solenniter surgente & occidente die, instaurare cõsuerunt, vt decursi vel adoriendi nocturni juxta ac diurni temporis laudes suo referant Creatori. Magnum igitur incentivum excitãdæ nobis devotionis amiseram. Quis enim sensensum hominis gerens, non erubescat sine Psalmorũ celebritate diem claudere & adoriri, cum etiam minutissimæ aves solenni devotione, & dulci carmine ortus dierum ac noctium prosequantur? *Ambr. Hexaëm. l. 5. c. 12.*

* Quid Psalmo gratius? Hic omni dulcis ætati, hic vtrique aptus est sexui. Hunc senes rigore senectutis deposito, canunt: hunc veterani tristes in cordis sui jucunditate respondent. Hunc juvenes sine invidia cantant lasciviæ: hunc ado-

ıtant heureux qu'on pouvoit le pretendre ; & y auroit-il lieu de mettre en peine de ce que pourront dire quelques personnes qui ›ndamneront peut-estre, ce qu'elles ne connoissent pas, ou qui oiront qu'on leur fait vn extréme tort, dans le tems mesme ı'on travaille à leur rendre le plus de service ? On dira tout ce ıe l'on voudra, mais il sera toûjours constamment vray, qu'on : s'est proposé autre but, que d'essayer à faire quelque chose ıi pût estre vtile pour le service du Public, & particulierement ›ur celuy de l'Eglise, & des Fideles, *non inferiora secutus*.

Si on a réüssi dans vne entreprise si haute & si hardie, que la oire en soit renduë à Dieu seul, qui en a inspiré & conduit le :ssein. Que si au contraire, on n'y a pas réüssi comme on avoit ſché, & esperé, qu'il en soit pareillement beny, *Servi inutiles mus:* c'est à l'homme à travailler de toutes ses forces, toûjours ›ec fidelité & avec amour, & c'est à Dieu ensuite à donner telle :nediction & tel succés qu'il luy plaist à son travail, *quod debui- us facere fecimus*. On ne peut manquer ny se méprendre, quand ı ne veut que ce que Dieu veut, & en la maniere qu'il le veut, ais on doit toûjours mettre la main à l'œuvre quand on croit qu'on sçait qu'il le veut ; arrive du reste ce qu'il pourra, on est jamais trompé ny frustré de son attente, lors qu'on tra- ille purement & vniquement pour sa gloire.

Quant au Public, on a esté remply de mesme de bonne volonté d'affection de le servir, si on ne l'a pas fait c'est qu'on n'a pû. n ne doute point que cette Invention ne luy paroisse dabord :re tres-peu de chose, mais on espere que quand il aura bien re- :chy dessus, il trouvera qu'elle a des suites fort grandes. Elle est tite en soy veritablement, mais les plus petites choses ne sont s toûjours les plus méprisables, ce sont quelquefois au contraire, lles qu'on estime davantage, & qui ont vn plus grand prix. Vn amant, tout brut qu'il soit, vaut mieux qu'vne pierre commune, oy que fort grosse, & taillée avec beaucoup de soin & de peine. n ne juge pas ordinairement bien de la bonté ou de l'excel- ıce des choses par la quantité de leur masse ; il se voit des pie- s de mignature qui ne cedent point aux plus grands Tableaux, vn Sculpteur se rend quelquefois autant ou plus recommanda- :, en nous representant vn moucheron ou vn fourmy, avec ıtes ses parties & toutes ses proportions, sur vn morceau d'y- ire, que lors qu'il tire vn Geant ou quelque Colosse d'vne andeur excessive sur la bronze & sur le marbre.

Au reste, quoy que cette Invention soit fort simple, ce n'est int là ce qui fera sa honte, c'est de sa simplicité au contraire, ı'elle doit tirer toute sa gloire & tout son éclat, si toutefois

lescentes sine lubricæ ætatis periculo & ten- tamento conci- nunt volupta- tis, juvenculæ ipsæ sine dis- pendio matro- nalis psallunt pudoris: puel- lulæ sine pro- lapsione vere- cundiæ, cum sobrietate gra- vitatis hym- num Deo in- flexæ vocis sua- vitate modu- lantur. Hunc tenera gestit pueritia, hunc meditari gau- det infantia, quæ alia decli- nat edíscere. Psalmum Re- ges sine pote- statis supercilio resultant. In hoc se ministe- rio David gau- debat videri. Psalmus canta- tur ab Impera- toribus, jubila- tur à populis. Certant clama- re singuli, quod omnibus profi- cit. &c. *Idem S. Ambr. Præ- fat. in Psalm.*

* Quas tibi Deus meus, voces dabam in Psalmis illis, & quomodo in te inflammabar ex eis : & ac- cendebar eos recitare, si pos- sem, toto ter- rarum orbe, adversus typhũ generis huma- ni ? *Aug. lib. 9. Confess. c. 4 & alibi.* Idem *pas- sim alii SS. PP.*

elle merite d'en recevoir aucun ; & pour estre simple, il ne faut p s'imaginer qu'elle en ait moins coûté d'application ny de pein IN TENUI LABOR. Qu'on demande à ceux qui vont pesch les perles dans les mers de l'Orient, combien ils visitent que quefois de plages auparavant que d'en trouver vne qui soit f conde, & là, combien il leur vient de perles dont ils ne font p de cas, auparavant qu'ils en ayent amené vne fine ? & aux Lap daires qui vont chercher les pierreries dans les Indes, combien leur faut foüiller & remuer, avant que de rencontrer vn chan qui soit heureux, & l'ayant découvert, combien il leur passe e core de pierreries de rebut par les mains, auparavant que d' pouvoir trouver de precieuses ? La difficulté n'est pas de détach ces perles de leurs nacres, ny de lever ces pierreries hors du cham d'arranger & d'égaler les vnes, ny de tailler & de mettre les autr en œuvre, c'est où est le plaisir : toute la difficulté & tout bonheur est de les trouver, & d'en sçavoir connoistre le prix.

Mais on ne prend pas garde, que par ces paroles on avance condamnation, ou pour mieux dire, qu'on se condamne soy-mesm en se servant de comparaisons si disproportionnées ; & que cet idée de perles & de pierreries, pourra réveiller celle de hapelourd & de faux diamans. Les ouvriers & les curieux qui ont des ye penetrans & subtils, voudront indubitablement voir si on ne l trompe pas, & s'éclaircir de la bonté ou de la fausseté d'vne pie qu'on leur dit estre vn bijoux des plus rares ; & peut-estre trouv ront-ils, que ce n'est pas ce qu'on leur a vanté, qu'on s'est lais ébloüir par vn faux éclat & par vne beauté apparente, & qu'o n'a rapporté en effet, que des hapelourdes & de faux diamans, où l'on pensoit s'estre chargé de pierreries fines, & de perl veritables. Mais on pretend estre pleinement justifié par ce mesme : car encore qu'on n'eust pas réüssi dans la recherche qu'o a faite, ny rapporté de ce voyage autant qu'on avoit crû, ou qu'o s'estoit promis, on a bien voulu neanmoins risquer beaucoup po tascher à le faire heureux, & s'il se pouvoit, d'estre vtile à autru Ainsi on est fortement persuadé, qu'il n'y aura point de personn raisonnables qui n'avoüent, qu'on merite au moins quelque ex cuse ; & que c'est toûjours avoir beaucoup fait, que d'avoir eu l dessein & s'estre mis en estat de bien faire.

PAVPER ET INOPS LAVDABVNT NOMEN TVVM.

Bene Psallite ei. Psal. 32.

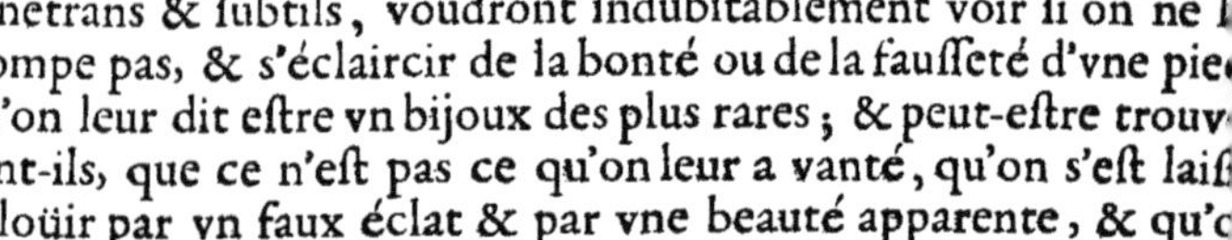

Dessus. •253.• 5?4 5 6 7 5 2. !7 5 7 ?1. 2. : 7 1. 2. 3. 3.! 2. 1. !7 6:
Basse. •2,5.5• 5,2 5 ?4 5 3 7, 3 3 5 3 2 : 5 3 7, 1 1 2 2 3 6,:
Psalm. CElebrez le Seigneur en cent doctes façons, Et sur la harpe & sur la Lyre,

7 5 5 6 7 1. 6 7 5 ?4 5 6 : 2 5 5 6 1. !7 2. 2. 3. 6 7 !6 5
5, 1 3 4 2 1 2 5 3 2 5, 2 : 7, 1 7, 6, 6, 3 7, 7, 1 2 2, 2, 5,
Racontez ses bienfaits dans vos saintes chansons, Ne les pouvant payer, au moins il les faut di re.

VENIT

* Nec sit vel hora convivii gratiæ cælestis immunis, sonet Psalmos convivium sobrium ; & vt tibi vox canora est, aggredere hoc munus ex more prolectet aures religiosa mulcedo. *S. Cypr. Epist. ad Donat.*

* Post aquam manualem & lumina, vt quisque de scripturis sanctis vel de proprio ingenio potest, provocatur in medium Deo canere. *Tertul. in Apolog. c.* 39.

* Sonant inter duos (*maritum & vxorem*) Psalmi & Hymni, & mutuo provocant quis melius Deo suo cantet. Talia Christus videns & audiens gaudet, his pacem suam mittit, &c. *Idem Tertul. ad vxor. lib* 2. *cap. ultim.*

* *Nostis eum morem, —— & sero libatis vespere sacris, Quisque suas remeare domos : tunc ergo solutis Cœtibus à temploDomini, postquam data fessis Corporibus requies, sumpta dape, cœpimus hymnos Exultare Deo, & Psalmis producere noctem.* S. Paulin. in Natal. B. Felicis. Natal. 7.

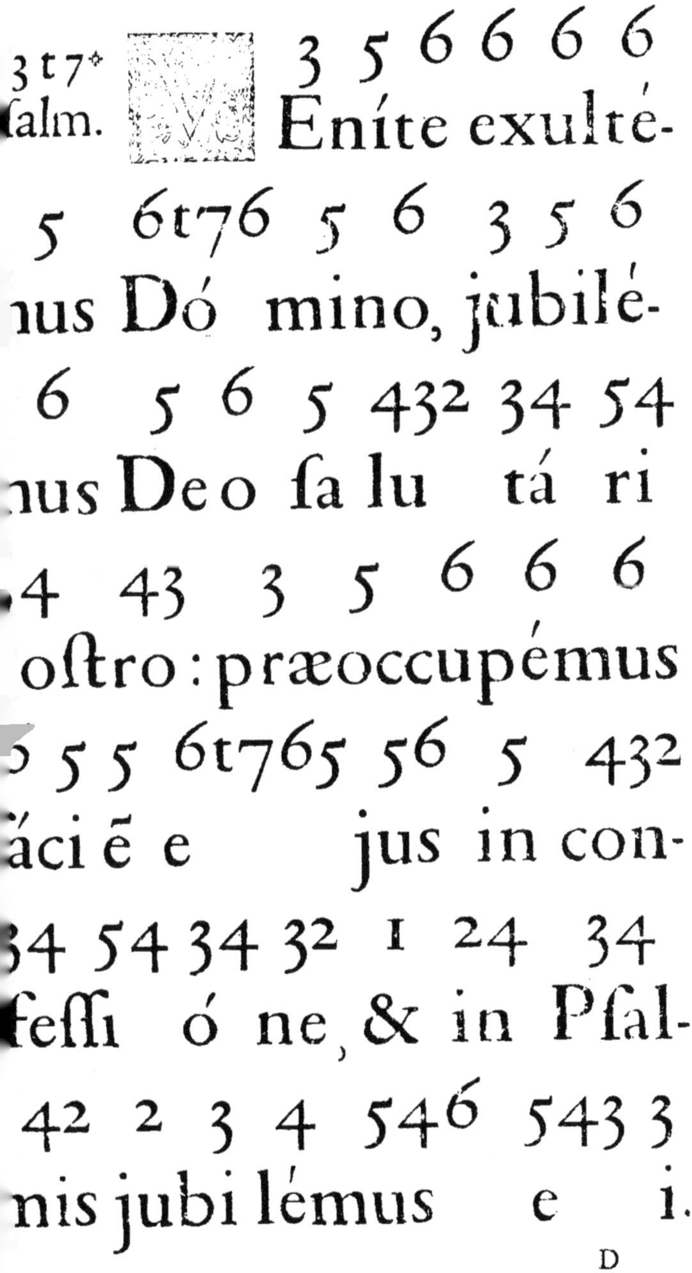

3t7* ſalm.

3 5 6 6 6 6

V Eníte exulté-

5 6t76 5 6 3 5 6

nus Dó mino, jubilé-

6 5 6 5 432 34 54

nus Deo ſa lu tá ri

4 43 3 5 6 6 6

oſtro: præoccupémus

5 5 5 6t765 56 5 432

ácĭ ē e jus in con-

34 54 34 32 1 24 34

feſſi ó ne, & in Pſal-

42 2 3 4 546 5433

nis jubi lémus e i.

D

* CHANT DE L'EGLISE, ou PLEIN-CHANT, tiré, pour la pluſpart, du Graduel & de l'Antiphonaire Romain. Quantum flevi in hymnis & canticis tuis, ſuavesonantis Eccleſiæ tuæ vocibus cõmotus acriter? Voces illæ influebant auribus meis, & eliquabatur veritas tua in cor meum, & exæſtuabat inde affectus pietatis, & currebant lachrymæ, & bene mihi erat cum eis. *S. Aug. lib. 9 Conf. c. 6.*

Combien verſay-je de pleurs par la violente émotion que je reſſentois lors que j'entendois dans voſtre Egliſe chanter des Hymnes & des Cantiques à voſtre louange? En meſme tems que ces Sons ſi doux & ſi agreables frappoient mes oreilles, voſtre verité ſe couloit par eux dans mon cœur: Elle excitoit dans moy des mouvemens d'une devotion extraordinaire: Elle me tiroit des larmes des yeux; & me faiſoit trouver du ſoulagement & des délices meſmes dans ces larmes. Mr d'Andilly.

INVITATOIRE.

6, 112 1 217,1 1 1 .24 3422
SVrre xit Do minus ve rè.

5,15 V 1 3 5 5 5 5 32 4 3 3
Psal. VEnite exultemus Domino

1 2 3 3 3 3 3 23 43 21 2 1
jubilemus Deo sa lu ta ri nostro

1 3 5 5 5 5 3 3 4 3 3 23
præoccupemus faci em ejus in con

43 21 2 1 5, 6, 12 1 1 217,1
fes si o ne, & in Psalmis jubilemu

24 34221 123 2317,6, 123232 2
e i. ¶ Al le lu y

CANTIQVE DE LOVANGES.

116 B 143 45 5 45 5 3245 5 5 56 5 54
Hym. BE ne dìctus es Dó mine Deus patru

45 432 12 * 14 2 232 1 1 1 3 4 545 43
nostró rum. ℟. Et lau dá bilis & glori ó sus

232 1 1 E 1 143 45 56 5 3245 5 56 5
sæ cula. ET be ne díctum no men gló ri

5 54 32 45 432 12 * 14 2 232 1 1 1
tuæ, quod est sanctum. ℟. Et lau dá bile & g

4 545 43 2 232 1 1 B 143 45 5 45 5 3245
ri ó sum in sæ cula. BE ne dicant te om n

HYMNES.

*Pour l'*ADVENT.

C 32 1 3 5 5 6 6 5
Onditor alme ſiderum,
6 6 5 5 43 2 3
[…]terna lux creden tium,
4 2 3 4 3 2 1
[…]riſte Redemptor omnium,
3 4 5 5 43 2 3
[…]udi preces ſup plicum.

Pour NOEL.

C 1 2 35 54 323 4 3 2
Hriſte Re demptor omnium,
5 6 6 5 671.6 5 6
Patre Patris v nice,
5 3 4 32 1 2 3
[…]s ante principium
2 35 54 323 43 2
[…]us in ef fa bi liter.

Pour les ROIS.

H 2 3 4 56 2 345 43
Oſtis Hero des im pi e,
61. 1.1.7 65 67 7 7
[…]iſtum veni re quid times?
62.1. 1.7 65 6 4 32456
[…]n e ri pit mor ta li a,
3 4 56 4 5 4 3
[…] regna dat cœ leſti a.

Pour le CARESME.

A 2 1 24 43 23 2 1 2
Vdi be ni gne conditor,
45 4 3 2 3 2 1
[…]ſtras preces cum fletibus,
2 3 4 2 3 4 5
[…]hoc ſacro jejuni o,
25 3 4 2 32 1 2
[…]as quadragena ri o.

Pour la PASSION.

V 4 56 t7 654 5 565 4 32
Exil la re gis pro de unt,
5 6 42 3 42 12
[…]get crucis myſte ri um,
2 2 4 21 4 456 5 54
[…]o carne carnis con ditor,
5 6 42 3 4 2 12
[…]penſus eſt patibulo.

Pour le Dimanche des RAMEAVX.

A la Proceſſion.

222. G 26t76 5 56 6 54 5 565
Aña. Lo ri a, laus, & honor
43 2 5 5 1 12 45 4 46 6
tibi ſit Rex Chriſte Redemptor, cu i
6 654 5 565 43 24 4 43 2 1 34
pu e ri le decus prompſit Hoſanna
2 32 6 5 6 61. 1.7 65 56 1.7 1.2.
pium. Iſra ël es tu Rex, Da vi dis
1.1.7 6 5 6 6 6 5 6 61. 1. 1.
& in clyta proles: nomi ne qui in Do-
7 65 56 1.7 1.2. 1.7 6 56 6
mini, Rex be ne di ℭte ve nis.

Les LAMENTATIONS *du Proph. Ieremie.*

✠115✠ 1 2 3 4 3 2 2 3 3 3 3 2
Leçon. Incipit Lamenta ti o Ieremiæ
1 2 22432121
Prophe tæ.

3 32121
Aleph. Q 1 2 3 3 3
Vomodo ſedet
3 3 3 2 2 54 43 2 3 43 1 2 3
ſola civitas ple na populo : facta eſt
3 3 3 3 3 3 3 3 3 3 3 3
quaſi vidua, domina gentium : prin-
3 2 54 3 23 43 3 3 3 2 1
ceps provinci a rum facta eſt ſub tri-
2 22432121 1 2 3 3 54 2 3 43
bu to ✠ Ieruſalem Ie ruſalem.

Pour le IEVDY SAINT.

Au lavement des pieds.

151. M 5 56 1. 1. 6 1. 7
Aña. Andatum novum do vobis;
6 56667 6 5 7 1. 7 6 5 67
vt diligatis invicem, ſicut dilexi vos,
54 5 3 3 3 5 61. 1. 1. 7 1. 2. 1.
di cit Dominus. *Be a ti immacula ti*
✠ 4 4 56 65 6 t7 65 65 4 4 4 5
℣. Vbi cha ri tas & amor, De us ibi
5 ✠ 4 4 56 65 6 t7 65 65
eſt. ℣. Congrega vit nos in v num
4 4 5 5 ✠ 4 4 56 65 6 t7
Chriſti amor. ℣. Exulte mus, & in
65 65 4 4 5 5 ✠ 4 5 4 56 6
ip ſo jucundemur. ℣. Time amus, &

4 54 21 5 6 5 4 ✣ 4 5
amemus Deum vivum. ℣. Et ex
4 56 6 4 54 21 5 565 424 4
corde di li gamus nos sin ce ro.

Pour le VENDREDY SAINT.

A l'Adoration de la Croix.

1117 P124 4432 12 2 345 54 3
Verſ. POpule me us, quid fe ci
43 2343 1 3 56t76565 4 45 3 45
ti bi ? aut in quo contri ſtavi
3432 1 343 21 34 2 ✣ 232 1 345
te ? reſpon de mi hi. ℣. Qui a e-
54 34 2 13 5 56t76565 43 45 3
du xi te de terra Ægyp ti:
13 56t76565 3 45 34543 4 4 565
pa ra ſti cru cem Salvato-
4 54 345 1 12 2 3454 3 3
ri tu o. Quid vl tra de bu i ?
✣ 1 23 3 3 3 3 3 3 3 2 3 3
℣. Ego propter te flagellavi Ægyptum
3 3 4 5 4 4 3!21 1 1 23 3
cum primo geni tis ſu is: & tu me
3 3 3 32 4 2 34 32321 !1 23
flagellatum tra didi ſti. Ego &c.

HYMNE.

112. C 1 3 56 65 6 1. 1.7 65
Hym. CRux fi de lis, inter omnes
7 1. 2.55 1.7 6 6
Arbor v na no bilis:
6 671.7 6 565 3 21 23 343
Nulla ſylva talem profert,
3 36 65 32 4 3 2
Fronde, flo re, germine.
6 671.7 6 565 3 21 23 343
Dulce lignum, dulces clavos,
3 36 65 32 4 3 2
Dulce pondus ſuſtinet.

Sur la ſainte Vierge au pied de la Croix.

141. S 4 5 6 5 61. t7 6
Proſ. STabat mater dolo ro ſa
6 5 4 3 2 3 !2 1
Iuxta crucem l^c hrymoſa,
5 5 4 6 !5 4 4
Dum pendebat fi li us.

Pour le SAMEDY SAINT.

A la benediction du Cierge.

252. E 5 61. 1. 7 1. 2.1.1. 1. 7
Iubil. EXul tet jam An ge lica turba
6 71. 6 5 61. 1. 1. 1.7 6 7
cœlo rum: exul tent di vina myſte
6 6 2. 1. 7 6 5 4 3 56 6 6 26
ri a: & pro tanti Regis victo ri a, tu
1. 6 54 56 54 3 3 561. 1. 1. 1. 1.
inſonet ſa lu taris. Gau deat & tellu
1.7 65 6 1. 1.7 76 67 7 7
Hæc ſunt enim feſta Paſcha li a,
1. 1. 1. 1. 7 1. 2. 1. 76 67 7
quibus verus il le Agnus oc ci ditu
6 7 1. 7 7 7 7 7 1. 7 65 56
cujus ſanguine poſtes fide li um co
7 67 6 61.7 1.7 6 67 7 7
ſecrantur. O fe lix cul pa, quæ &
61.2.1.7 6 7 6 1. 1. 1
Hæc nox eſt, in qua primùm
1. 1. 1. 1. 1.7 1. 2. 1. 1. 1. 1.
patres noſtros fi li os Iſra ël e duct
1. 76677 2.1.7 65 67 7 7
de Ægypto, ma re Rubrum ſic
7 1. 77 7 65 56 7 67 6
veſtigi o tranſi re fe ci ſti.
1.7 6 5 61. 6 7 6*2.1.7
Hæc i gi tur nox eſt quæ fu g
6777 6 1. 7 76 677 7 65
o dia, concordi am pa rat, & curv
7 67 6 6 61.2.1.7 1. 1. 1. 1.7 6 7
impe ri a. O vere be a ta no

Pour le jour & Octave de PASQUE

AV SALVT.

2 2 3 1 2 43 2 6, 3 4 3 2
Alleluia, Alle luia, Alleluia.
6,26 O 2 4 5 6 4 543 2
Iubil. O Fi li i & fi li æ,
2 4 5 6 4 543 2
Rex cæleſtis, Rex glo riæ,
2 2 3 1 2 43 2 6, 3 4 3 2
Morte ſurrexit ho di e, Al le lu ia.

Pour le temps de PASQUE.

A VESPRES.

262. A 6 1. 6 1.7 1.2. 1.7
Hym. AD cœnam A gni provid
6 6 6 5 3 4 3 2
Et ſtolis albis candidi,
3 4 2 5 6 1. 1. 76
Poſt tranſitum maris rubri,
1.2. 1. 7 6 7 6 5 5
Chri ſto ca namus principi.

*Pour l'*ASCENSION.

41. 4 356 5 432 4 35 4 3
Hym. IEsu nostra redempti o,
61. 6 54 5 5 4 3
mor & de si de ri um,
2 4 2 1 23 3 3
eus creator omni um,
56 5 432 4 345 4 3
omo in fi ne tempo rum.

Pour la PENTECOSTE.

3. 5 6 54 5 65 1.2.1. 7 1.
m. VEni Creator Spi ritus,
5 6 1.2.1. 2.3.2. 1. 2.
entes tuorum vi si ta,
2.3. 1.7 6 62. 56 7 1.
nple su perna gra ti a,
1. 6 654 6 676 5 4 5
uæ tu cre a sti pectora.

A LAVDES.

2. 2 2 4 2 1 4 5 6
m. BE a ta nobis gaudi a
1. 1.2. 1.7 6 5 6 6
nni re du xit orbi ta,
617 6 5 3 43 2 3
m Spi ri tus Para clitus
3 5 4565 43 2 1 2
fulsit in discipulos.

Pour le S. SACREMENT, *à Matines.*

1. 2617 6 61. 6 5 56 6 4 5
m. SA cris so lemni is juncta sint
3 2 4 5 6 4 5 6 6 4 5
udi a, Et ex præcordi is sonent præ-
3 2 6 7 1. 6 5 6 6 7 1. 6
ni a, Recedant vetera, nova sint om-
6 2617 6 5 5 2 4 3 2
a, Cor da voces & opera.

A LAVDES.

2. 5 561.76 654 65 676 5
m. VErbum su pernum pro-
5 5 7 1. 2. 1.7 5 6 1.
ens, Nec Patris linquens dexteram,
6 1. 5 56 65 4 5
d opus suum e xi ens,
65 61. 1.7 65 3 4 5
enit ad vi tæ vesperam.

A VESPRES.

3 3 4 32 5 5 61. 1.
m. PAnge lingua glori o si
1.2. 1. 1. 7 6 1.765
Cor po ris mysteri um,
5 6 1. 7 6 5 6 5
Sanguinisque preti o si,
6 7 5 5 4 6 62
Quem in mundi pre ti um
3 5 5 32 5 6 6 5
Fructus ventris genero si,
6 7 5 5 43 2 3
Rex effudit gen tium.

A L'EXPOSITION. *

53.5. 3. 3. !7 1. ?5 6 7 6
Hym. TAntum ergo Sacramentum
1. 2. 3. 3. 3. 2. 3.
Veneremur cernu i
7 7 1. 6 7 2. !1. 7
Et antiquum documentum
7 1. 2. 3. !2. 1. 1.
Novo cedat ri tu i;
3. 3. ?4. 5. 2. 3. !1. 7
Præstet fi des supplementum
1. 2. 3. 1. !7 6 6
Sensuum defectu i.

Pendant la BENEDICTION. *

263. 656 3 23 356 5671. 7 1.
Psal. BE ne di cat nos Deus,
53 3565 6 72.1.7 5 6 7 1. 6543
Deus noster, be nedicat nos Deus:
323 671. 7 1. 1.!2. 1. 3.2.7 6 35 6
& me tuant e um om nes fi nes
6!7 6
ter ræ.

Pour les Festes de la Vierge, à Matines.

263. 6 65 32 5 67 1.7 6 7
Hym. QVem terra, pontus æ thera,
7 2. 7 1.7 6 5 6 6
Colunt, ado rant, prædicant,
2. 2. 7 2. 2.3.2. 1.7 6 65
Trinam regentem machinam
1.7 1.2. 7 1.7 6 5 6 6
Claustrum Ma ri æ bajulat.

A VESPRES.

122. 2 67 5 61. 71.2.1.76 6
Hym. AVe maris stel la,
6 6 23 543 2 4 3 5 6 6
De i Mater alma, Atque semper Vir-
234321 3 5 3 4 3 2
go, Felix cæli porta.

* *Dans l'vn des plus celebres Monasteres de cette Ville.*

* *Dans vn autre, dont la pieté est tres connuë.*

Pour S. IEAN-BAPTISTE.

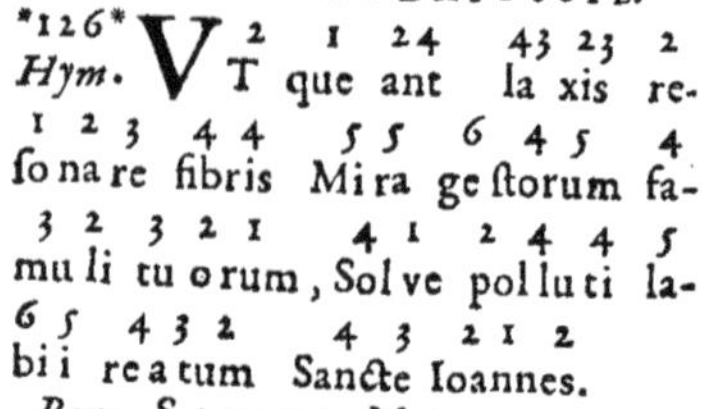

126 2 1 24 43 23 2
Hym. VT que ant la xis re-
1 2 3 4 4 5 5 6 4 5 4
so na re fibris Mi ra ge storum fa-
3 2 3 2 1 4 1 2 4 4 5
mu li tu o rum, Sol ve pol lu ti la-
6 5 4 3 2 4 3 2 1 2
bi i re a tum Sancte Ioannes.

Pour SAINTE MADELEINE.

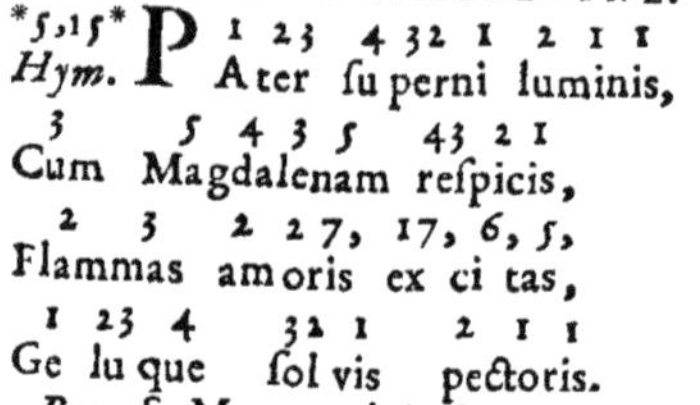

5,15 1 23 4 32 1 2 1 1
Hym. PAter su perni luminis,
3 5 4 3 5 43 2 1
Cum Magdalenam respicis,
2 3 2 27, 17, 6, 5,
Flammas am oris ex ci tas,
1 23 4 32 1 2 1 1
Ge lu que sol vis pectoris.

Pour S. MICHEL *&* *les* SS. ANGES.

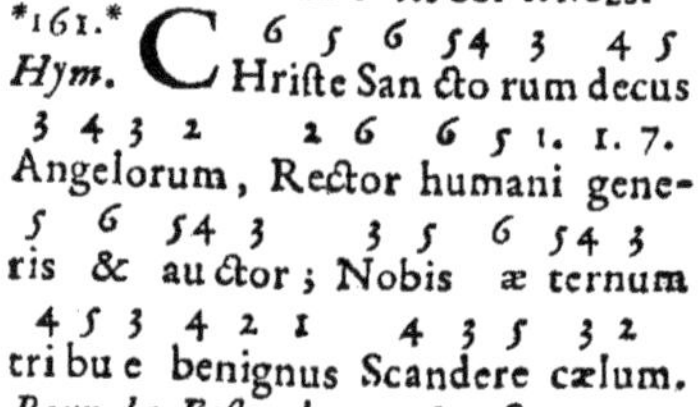

161. 6 5 6 54 3 4 5
Hym. CHriste San cto rum decus
3 4 3 2 2 6 6 5 1. 1. 7.
Angelorum, Rector humani gene-
5 6 54 3 3 5 6 54 3
ris & au ctor; Nobis æ ternum
4 5 3 4 2 1 4 3 5 3 2
tri bu e benignus Scandere cælum.

Pour la Feste de tous les SAINTS.

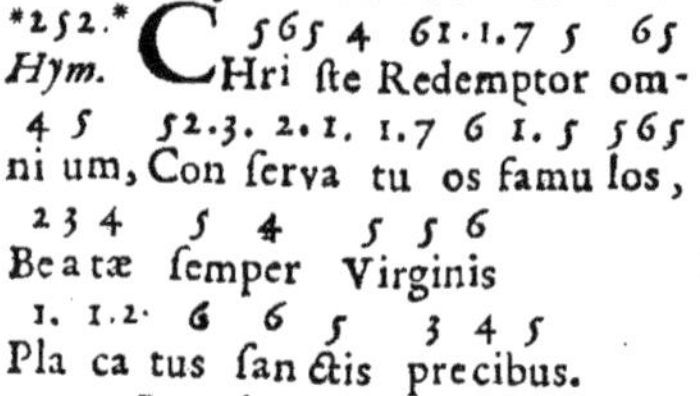

252. 565 4 61.1.7 5 65
Hym. CHri ste Redemptor om-
4 5 52.3. 2.1. 1.7 6 1. 5 565
ni um, Con serva tu os famu los,
234 5 4 5 5 6
Be a tæ semper Virginis
1. 1.2. 6 6 5 3 4 5
Pla ca tus san ctis precibus.

Pour les APOSTRES.

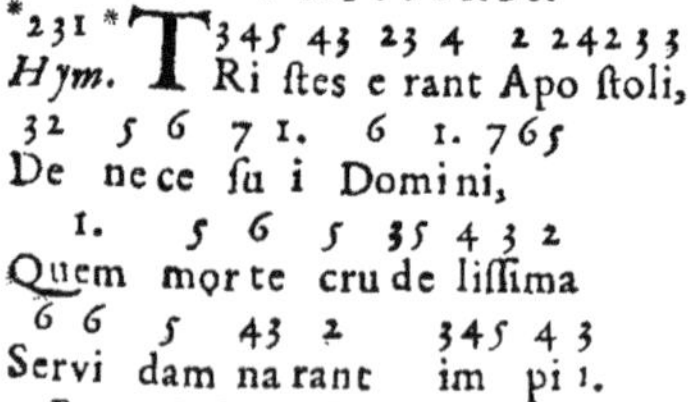

231 345 43 23 4 2 24233
Hym. TRi stes e rant Apo stoli,
32 5 6 71. 6 1. 765
De ne ce su i Domini,
1. 5 6 5 35 4 3 2
Quem mor te cru de lissima
6 6 5 43 2 345 4 3
Servi dam na rant im pi i.

Pour plusieurs SS. MARTYRS.

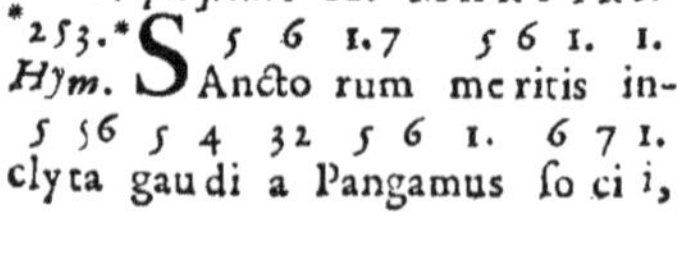

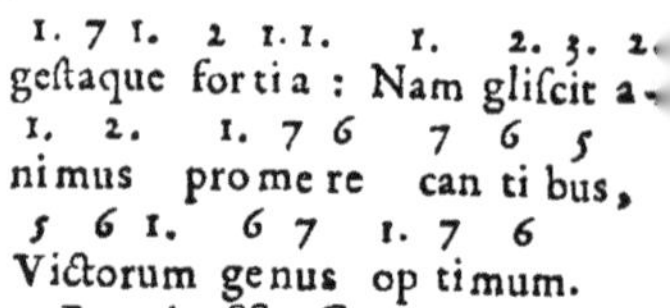

253. 5 6 1.7 5 6 1. 1.
Hym. SAncto rum meritis in-
5 56 5 4 32 5 6 1. 6 7 1.
clyta gau di a Pangamus so ci i,
1. 7 1. 2 1.1. 1. 2. 3. 2.
gestaque for ti a: Nam gliscit a-
1. 2. 1. 7 6 7 6 5
ni mus pro me re can ti bus,
5 6 1. 6 7 1. 7 6
Victorum genus op timum.

Pour les SS. CONFESSEURS.

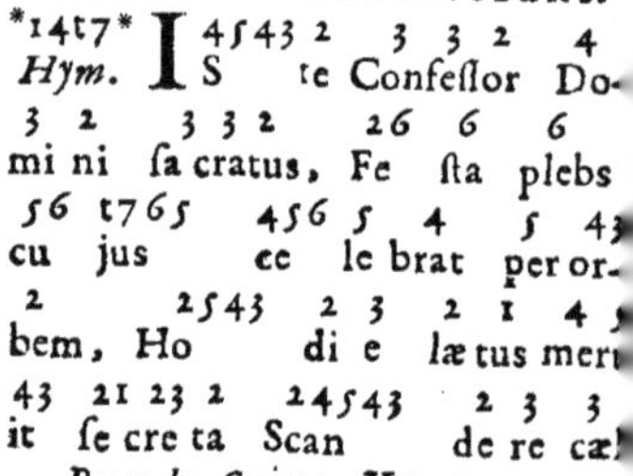

14t7 4543 2 3 3 2 4
Hym. IS te Confessor Do-
3 2 3 3 2 26 6 6
mi ni sa cratus, Fe sta plebs
56 t765 456 5 4 5 43
cu jus ce le brat per or-
2 2543 2 3 2 1 4 5
bem, Ho di e læ tus meru-
43 21 23 2 24543 2 3 3
it se cre ta Scan de re cæl-

Pour le Saintes VIERGES.

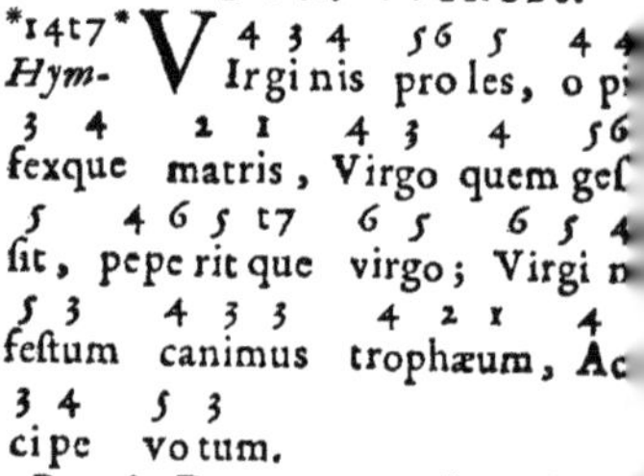

14t7 4 3 4 56 5 4 4
Hym. VIrginis pro les, o pi-
3 4 2 1 4 3 4 56
fexque matris, Virgo quem ges-
5 4 6 5 t7 6 5 6 5 4
sit, pepe rit que virgo; Virgi n-
5 3 4 3 3 4 2 1 4
festum canimus trophæum, Ac-
3 4 5 3
ci pe vo tum.

Pour la DEDICACE *d'une Eglis-*

131. 3 32 4 2 1 2 42
Hym. VRbs Ie rusalem be a t-
2 4 6 5 43 2 3 3 5 6 5
Dicta pacis vi si o, Quæ construi-
61. 5 654 3 2 4 6
tur in cæ lis Vivis ex l-
43 2 3 3 32 4 21 2 4
pi di bus, Et An ge lis co ro-
432 3 2 4 6 5 43 2
na ta, Vt spon sa ta comite-

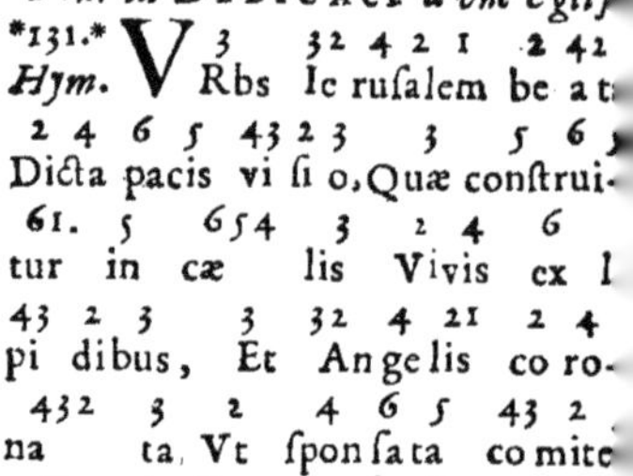

Pour le Commun des SAINTS.

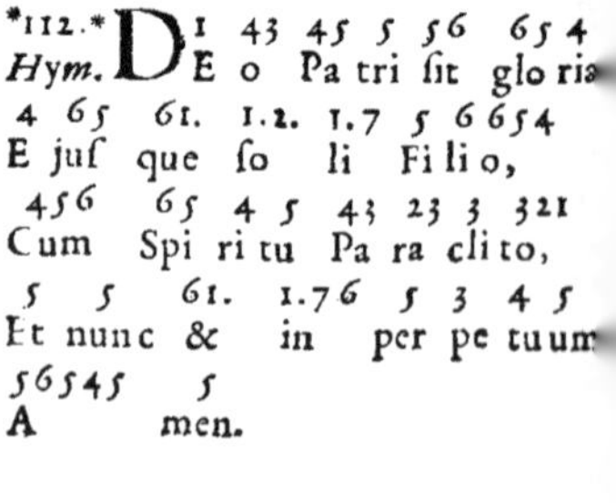

112. 1 43 45 5 56 65 4
Hym. DE o Pa tri sit glo ria
4 65 61. 1.2. 1.7 5 6 654
E jus que so li Fi li o,
456 65 4 5 43 23 3 321
Cum Spi ri tu Pa ra cli to,
5 5 61. 1.76 5 3 4 5
Et nunc & in per pe tuum
56545 5
A men.

PROSES.

Pour L'ADVENT.

114. 1 4 4 543 4 5 6 5 6 5 4 6 1. t7
Prose. MIttit ad Vir gi nem non quemvis An ge lum : ſed forti-
6 5 4 4 5 3 43 2 1 5 5 4 432 3 4 ✣ 6 1. 1.
tu di nem ſuum Ar chan ge lum , a mator ho mi nis. ℣. Na tu ram
t7 6 5 6 4 t7 t76 5 6 6 1. 1. t7 6 5 6 4 t7 65 4 3
ſu peret na tus Rex glo ri æ: regnet & im pe ret , & zyma ſco ri æ
5 3 4 432 3 4 ✣ 1 2 3 4 3 5 3 4 2 3 2 1
tollat de me di o. ℣. Exi qui mit te ris , hæc dona diſſere:
1 2 3 4 3 5 5 6 t7 65 4 3 5 3 4 432 3 4 ✣ 4 1. 1.
re ve la veteris ve la men lit te ræ vir tu te nun ti i. ℣. Ac ce de ,
2. 7 1. 2. 3. 2. 3. 2. 1. 2. 4. 4. 3. 2. 1. 2. 1. 6 t76 5
nun ti a , dic A ve eo mi nus , dic ple na gra ti a : dic tecum Domi-
4. 6 1. 6 t76 5 4 ✣ t7 5 t7 6 t7 5 6 4 5 42 3 4
nus, & dic ne ti me as. ℣. Audit & ſu ſci pit pu el la nun ti um:
6 1. 2. 1. t7 6 5 4 3 4 5 6 1. t76 5 6 5 4 ✣ 4 5 6
credit & con ci pit & parit fi li um, ſed ad mirabilem. ℣. Natu ra
t7 6 5 6 4 5 42 3 4 6 1. 2. 1. t7 6 5 4 3
premitur in par tu vir gi nis : Rex re gum na ſci tur vim celans
4 5 6 1. t76 5 6 5 4
numinis, ſed rector ſuperum.

Pour le jour de NOEL.

7,11. 1 21 232 21 4 56 5 4 6 4 5 5 1 21 232 21
Prose. LÆ ta bun dus e xul tet fi de lis cho rus, Al le lu ia.
✣ 123 3 3 32 43 2 3 3 5 5 32 43 2 3 1 21 232 21
℣. An ge lus con ſi li i, na tus eſt de Vir gi ne, ſol de ſtel la.
✣ 1 17, 6,5, 5,6, 121 7, 1 1 12 3 32 43 2 3 1 21 232 21
℣. Si cut ſi dus ra dium, pro fert Vir go Fi lium pa ri for ma.
✣ 5 5 6 4 543 2 3 5 3 43 2 1234 3 3 43 21 232 21
℣. Ce drus al ta Li ba ni con for ma tur hyſ ſo po, val le no ſtra.
✣ 5 5 6 7 1. 65 4 5 1. 7 6 5 543 2 3 5 3 43 2 1234
℣. I ſa i as ce ci nit, ſy na go ga me mi nit, nunquam ta men de-
3 43 21 232 21 ✣ 6, 1 2 7, 2 1 6, 1 2 7, 2 1
ſi nit eſ ſe cæ ca. ℣. In fe lix pro pe ra, cre de vel ve te ra,
3 5 43 2 1 2 7, 2 1
cur dam na be ris gens mi ſe ra?

Pour le jour de PASQUES.

6,22. 2 1 2 4 5 4 3 2 6 5 4 5 4 3 2 ✣ 6 1.
Prose. VI ctimæ Paſcha li laudes im molent Chriſti a ni. ℣. Agnus
6 5 6 6 6 5 6 5 4 3 2 4 5 2 3 2 1 3 4 3 2
re de mit o ves, Chriſtus innocens Pa tri re con ci li a vit pec ca to res.
✣ 6, 1 2 4 54 32 1 4 3 2 3 1 2 ✣ 4 6 5
℣. Dic no bis Ma ri a quid vi diſti in vi a. ℣. Se pul chrum
6 4 5 43 2 2 5 4 5 6 5 4 5 43 2 ✣ 6 1.
Chriſti vi ven tis & glo ri am vi di re ſur gen tis. ℣. Sci mus
2. 6 6 5 6 6 6 1. 5 4 3 2 1 3 2 5 6 6
Chriſtum ſur re xiſſe à mor tu is ve re : tu no bis victor Rex
5 4 43 2 13432 2 3 4 32 2.
mi ſe re re. A men. ¶ Alle lu ia.

On ſçait que le Chant des Proſes eſt diſtribué par couplets, & que le ſecond Verſet de chaque couplet, lequel eſt chanté par le ſecond Chœur, a ordinairement la meſme modulation, & la meſme quãtité de ſyllabes que le premier: on s'eſt donc contenté de marquer ce premier Verſet, & on a omis le ſecond, qui n'eſt que la repetition du meſme chant ſous d'autres paroles.

Pour le jour de la PENTECOSTE.

112. V I 2 3 4 32 I 2 4 5 6 t7 654 5 6 I 2
Prose. VEni sancte Spi ri tus, & e mit te cæ li tus lu cis
4 5 432 I 2 ✠ 6 I. 2. 2. I.7 I. 2. I. 6 I.7 5
tu æ ra di um. ℣. Con so la tor op ti me, dul cis hos pes
43 2 I 5 4 56 5 432 I 2 ✠ 2. 2. I.7 I. 2.I. 7 6
a nimæ, dulce re fri ge ri um. ℣. O lux be a tis si ma,
4 2 I 2 4 5 4 5 6t7 6 5 432 I 2 ✠ I. I. 76
re ple cor dis in ti ma tu o rum fi de li um. ℣. La va quod
7 I.7 6 5 6 6 43 4 5 4 3 2 3 5 6 5
est sor di dum, ri ga quod est a ri dum, sa na quod est
I. 7 6 ✠ 2. 2. 5 6 I. 7 6 6 t7 65 6 4 5 4
sau ci um. ℣. Da tu is fi de li bus in te con fi den ti bus
3 5 6 2 4 3 2 343212 2
sa crum sep te na ri um. A men.

Pour le jour du S. SACREMENT.

125. L 2 5 6 5 I. 7 6 5 6 7 5 3 4 2 34 5 6 7
Prose. LAuda Sion Salva to rem, lauda ducem & pa sto rem, in hym-
6 5 4 5 5 ✠ 7 5 6 5 2. I. 7656 7 7 6 I. 5 3 432
nis & canti cis. ℣. Lau dis thema speci a lis, pa nis vivus & vitalis
6 7 6 5 4 5 5 ✠ 5 2. 3. I. 2. I.76 I. 2. 2. I. 7 6 I.
ho di e pro po ni tur. ℣. Sit laus plena sit so nora sit jucunda, sit
2. 2. 5 6 7 6 5 4 5 5 ✠ 5 4 32 I 5 6 5 4 5 5 5
de cora mentis ju bi la ti o. ℣. Di es e nim solemnis a gitur, in
4 32 I 5 6 5 4 5 5 I. 7 6 5 4 5 5 ✠ 2. I. 2. 2.3.
qua men sæ prima reco li tur hujus in sti tu ti o. ℣. Quod in cœna
5. 4. 3. 2. 5. 4. 3. I. 2. 3. 2. 5 6 7 6 5 4 5 5 2. I.
Christus gessit, fa cien dum hoc ex pressit in su i memoriam. Dogma
2. I. 4. 3. 2. I. I. 2. 4. 3. 2. I. 2. 2. 2. 7 I. 65
datur Chri sti a nis quod in carnem transit pa nis & vinum in
4 5 5 ✠ 2. I. 7I. 65 7 I. 2.3. 2. I. 2. 4. 3. 2. I. 7 6
sanguinem ℣. Sub di ver sis spe ci e bus, signis tantum & non rebus
I. 2. 5 6 7 6 5 ✠ I. 2.3. 5. 2. 5. 4. 3. 2. 3. 4. 5. 4.
latent res e xi mi æ. ℣. A su mente non con ci sus, non confractus,
3. 2. 2. 7 2. 7 I. 65 4 5 5 ✠ 5 2. 2. I. 2. 4. 3.2.I. 2.
non di vi sus, in te ger ac ci pi tur. ℣. Sumunt bo ni, sumunt ma li:
2. 3. I. 6 I. 2. I. 7 5 6 5 6 4 5 5 ✠ I. 7 6 5
sor te ta men in æ qua li, vi tæ, vel in te ri tus. ℣. Fracto de mum
6 4 5 5 5 7 2. 2. 3. I 2. 2. 2. 3. 2. I. 2. 3. 2. 7
sa cra mento, ne va cil les, sed memento tantum esse sub fragmento
2. 7 I. 65 4 5 5 ✠ 2. I. 2. 7 I. 6 4 5 5 7 2. 2.
quantum to to te gi tur. ℣. Ec ce pa nis An ge lorum, factus cibus
3. I. 2. 2. 3. 4. 5. 4 3.2. I. 2. 2. 2. 7 I. 65 4 5 5 5 5 6
vi a to rum: ve rè panis fi li o rum, non mittendus canibus. Bone pa-
5 7 I. 2.3. 2. 3. 4. 3. 2. 3. 176 I. 2. 5 7 2. 2. 3. I. 2. 2.
stor, panis ve re, Ie su nostri mi se re re: tu nos pasce, nos tu e re;
2. 3. I. 6 I. 7 6 5 4 6 I.2. 5 6 5 5 56545 5
tu nos bona fac vi de re in ter ra viven ti um. A men.
4 5645665 461.761. 5 R: I.2.3.I.2.2. 565465 I.2 7I.65432 5671.76565
Al le lu ia.

ANTIENNES

ANTIENNES DE LA S. VIERGE.

Pour L'ADVENT.

12.* A 1345 561. 1.7654565 5 323
tien. AL ma
5 1 23 432 1 5 671.6 5 45 5432 3
demptoris ma ter, quæ per vi a cœ li
432 3 5123432 21 1. 71.765 45 565432 3
ta ma nes, & stel la ma ris,
23 3 432 1 5 5 5 4 565 43 23 3 3
curre caden ti, Surgere qui cu rat po pulo:
6561. 1. 71.2. 1.76 545 5 5432 3
quæ ge nu isti, Natu ra
32 1 1 23 3 23 43 21 2 1 1.7654 5
rante, tuum sanctum ge ni torem, Vir go
5432 21 5 671. 765 4 5 5 5 5432 3
ùs ac po ste ri ùs, Gabri e lis
5 5432 21 1 23 4321 23 3 5 45 123
o te Sumens il lud A ve, peccatorum
321 2 1
se rere.

Après la PURIFICATION.

2.4.* A 2.?1. 6 2. 2.?1. 2. 3. 4.3. 2.
tien. A Ve Re gi na cæ lo rum,
1. 6 2. 3. 3.4. 1. 2. 2.3. 2. 2. 6
e Domi na Ange lo rum: Sal ve
5 1. 5 65 4 4.3. 1. 2.?1. 6 2.?1.
dix, salve por ta, Ex qua mun do lux
2.3. 3. 6 5 6 4 5 6 65 4 4. 3.
or ta. Gaude Virgo glo ri o sa, su per
2. 3. 4. 4.3. 2. 2. 1.7 7 3. 2.?1. 2.
nes spe ci o sa, Vale ô val de de-
6 6 7 1. 6 4. 3.2. 3. 2.!1. 2.
ra, Et pro nobis Christum ex o ra.

Pour le tems de PASQUE.

6* R 1 2 1 23 3 4 3243121 323121 1
tien. R Egina cœ li læ ta- re,
2123 21 1 1 5 565 43 21233 442-
le lu ya. Quia quem me ru i sti por
121323 121 1 443212321 7,1 1 4 5 654
ta re, Al le lu ya. Resurre-
5 1 2 1 44 23551 2 1 5 1 23 432
sicut dixit, Al le luya. Ora pro no-
21 1 1 1356554 23 543121 24323 121 1
Deum, Alle lu ya.

Depuis la TRINITE' *jusqu'à l'*ADVENT.

1.* S 6 5?4 56 43 2 6 5?4 5 6 4
tien. S Alve Re gi na, ma ter mise ri-
43 22 43 4 2?1 2 3 4 2 ?1 2 6
cordiæ, vi ta, dulcedo & spes nostra salve. Ad
5?4 56 4 3 3 2 ?1 2 3 4 3 2 6 ?5 6
te clamamus exu les, fi li i Evæ. Ad te suf-
7 1.7 6 6 6176 5?4 5 56 3 6 5 4
pi ra mus gemen tes, & flentes in hac la-
3 2 ?1 2 3 3 3 4 2 3 4 5 6 ?4 5 5
crymarum valle. Eia ergo advocata no stra, il-
6 17 6 6 1. 17 6 5 ?4 5 6 3 5 4
los tu os mise ri cordes o culos ad nos con-
3 2 6 61. 176 5 6 5 4 5 6 17
verte. Et Je sum bene dictum fructum ven-
6 5 6 6 3 43 ?1 2 3 4 53 4 3 2
tris tu i nobis post hoc e xi li um ostende.
6?56 54 3 61.76 ?5 6 356 23 ?1 35 3 4 432
O clemens, O pi a, O dulcis virgo Ma ri a.

AUTRE *à la devotion.*

5,1 2. H 1231234 321 2 1 2 3 3 5
Antien. H Æc est præclarum vas para-
6 5 5 3 1 23 3 3 56 6 1.6 5 6543
cle ti Spiritus sancti; Hæc est glori o sa civitas
23 3 3 1 21 7, 6,5, 1 21 1 1 5 65?4
De i; Hæc est muli er vir tu tis, quæ contri-
5 1. 7 5 1.656 5 1. 765 6 5 345
vit caput Serpen tis; Hæc est sole specio-
5 5 6 3 43!2 1 1 1 35 65 1.76 5 5
sior, luna pul chrior, aurora ruti lan tior,
5 3 1 23432 11 1 2 432 34 5 5
stellis præcla rior: Hanc pecca to res, de-
6 1. 1.7 65 6 5 1. 6 5 3 1 2 43 3
votè a de amus, re a pectora tun da mus
572.75325 65 5 1. 765 6 5 345645432
di centes, sancta, sancta, san-
3 5 6 7 1.7 5 3 4 5 65!4 3 3
cta Ma ri a cle mens & pi a, Do mi na
3116,5,1!2 1 1 3 5 3 43235 5 5 5
no stra, fac nos tu is pre cibus con-
7 1. 1. 6 5 6535432123 43!2 1 1 1 3 5
sortes cæ lestis glo riæ; Audi nos
323 4321 1 1 5 654 5 4 3 2 5 5
Ma ri a, nam te Filius nihil negans hono-
!3 1 3 5 323 432 1 1 5 6 5 4
rat. Salva nos, Mes si a Je su, pro quibus
5 4 3 2 5 5 !3 1 6,5,6,1 12343 !21 1
virgo Mater te orat. Al le lu ya.

* *L'AVE & le SALVE sont tirez du Plein-Chant de M.* NIVER, *Organiste de S. Sulpice, à qui l'on donne pour caractere la facilité & la douceur. La sixiéme Messe en vient aussi.*

PRIERE POUR LE ROY.

135* E 3 3 3 3 3 3 3 3 3 3 3 3 3 5 4 !3 2 : 2 2 2 2
sal. E Xaudi at te Dominus in di e tribulati onis: protegat te
4 3 !2 1 1 * 3 3 3 3 3 5 4 4 4 !3 2 : 2 2 2 3
omen De i Iacob. ℣. Mittat tibi auxili um de sancto: & de Si on

CONCLUSION.

B 1. 7 5 6 5 345 5432321 12343 2 21
B Enedicamus Do mino.

OCTAVE DE MESSES. *

** En PLEIN CHANT MUSICAL, pour les principales Festes de l'année. Par de celebres Maistres de Paris.*

L'(l) qu'on y voit si frequente, qui est un embarras qu'on n'a pû icy éviter, veut dire legerement; Elle ne doit pas neanmoins bannir la gravité de ce Chant, autrement elle le banniroit de l'Eglise : On peut danser & danser gravement, on peut chanter Musique & chanter de mesme.

** Du 1. Ton De la composition de M. DU MONT, Maistre de la Musique de la Chapelle du Roy.*

On n'aura pas plûtost des caracteres propres, qu'on espere donner au Public, avec la permission de ce rare & excellent homme, quelques-uns des ouvrages pieux qu'il a mis en Musique.

** Et l'on ne refusera aucun de ceux qui auront composé quelques belles*

PREMIERE MESSE. *

122. ✥✥ K 24l56 l6 62.l?1.l2.l6l1.l7l6l?56
Y ri e
l6l5l4l3l4l2 5l4 3 l2 2 ✥ 6 l6l5l6l4l5l62
e le i son. iij. Christe
4l3l4l56l51.l7l6 ?5 l6 6 ✥ 2.l?1.
e le i son. iij. Ky ri-
6t7l6l5l6l454 2l14l56l5l4 3 l2 2 ✥ 2.
e le i son. ij. Ky-
l1.6t7l6l5l6456 2l14l2l3l45l3l4l56l5l4 3l2 2
ri e e le i son.

162. *Hymn.* E 6 l6 4 l2 6 l4 t7 lt7 6
T in ter ra pax ho mi ni bus
4 l5 l6 l5 43 2 21 4 3 2
bo næ vo lun ta tis. Lau da mus te.
4 l5 6 l4 t7 6 2 l1 4 l5 6
Be ne di ci mus te. A do ra mus te.
2 l3 l4 3l2 ?1 2 2. l1. 6 t7 l6 4
Glo ri fi ca mus te. Gra ti as a gi mus
5 6 2 l1 4 l5 6 l5 1. 7 6
ti bi propter ma gnam glo ri am tuam.
6 l6 6 2. 1. l6 lt7 5 4 4 l5
Do mi ne De us Rex cæ le stis, De us
6 l5 l4 3 l2 2 6 l6 6 2. 1. l6 lt7
Pa ter om ni po tens. Do mi ne Fi li v ni-
5 l4 4 5 l6 t7 6 2 l2 2 4 l5
ge ni te Je su Chri ste. Do mi ne De us,
l6 l4 3 6 2 l3 4 3 2.
A gnus De i, Fi li us Patris.

Q 2 6 l6 l4 1. l6 2. 1. 6-
Vi tol lis pec ca ta mun di, mi-
l2. ?1. l2. t7 6 2 6 l6 l4 1. l6
se re re no bis. Qui tol lis pec ca ta
2. 1. 6 l6 6 l5 l3 4 l2 5 l4 3
mun di, su sci pe de pre ca ti o nem no-
2 2 1 4 l5 6 l6 5 1.7
stram. Qui se des ad dex te ram Pa-
6 6 l5 ?4 l5 3 2 6 l6 6 l4
tris, mi se re re no bis. Quo ni am tu
2 l3 4l5 6 6 4 lt7 5 l4 4
so lus san ctus Tu so lus Do mi nus.
2 4l5 6 l6 2. l2. 1. 6 l4 t7 6
Tu so lus Al tis si mus, Je su Chri ste.
2 1 l4 3l2 l1 2 2 6 l6 6 5 l3
Cum san cto Spi ri tu in glo ri a De i
4l5 6 2.l1.6t7l6l5l6l454 2l14l56l5l43 2
Pa tris. A men.

123. *Symb.* P 2 6 l4 l5 l6 t7 6 6
A trem om ni po ten tem. Fa-
6 l2 1. l6 lt7 5 4 l4 l5 6 l6 6
ctorem cæ li & ter ræ. Vi si bi li um
5 l4 3 l4 l2 5 l4 3 l2 2 2 l3 4 l2
om ni um & in vi si bi li um. Et in unum
4 l5 6 2 l3 4 3 6 l6 6 5 1.
Do mi num Je sum Chri stum Fi li um De i
l7 l6 ?5 l6 6 6 l2. 1. l6 2. 1.
u ni ge ni tum. Et ex Pa tre na tum a
l4 t7 lt7 6 2. l?1. 2. 2. l?1. l2. t7
te om ni a sæ cu la. De um de De
1. l6 l4 5 l4 4 6 l6 5 5
lu men de lu mi ne, De um ve rum
l4 l5 3 2 2 l2 4 l4 5 6
De o ve ro. Ge ni tum, non fa ctu
4 l3 l4 l2 l?1 l2 34 3 l3 l5 6
con sub stan ti a lem Pa tri : per quem o
l5 4 3 l2 2. 2 4 l3 l2 3
ni a fa cta sunt. Qui propter nos ho
5 l3 l4 l5 6 5 l1. 7 6 l2. 7
nes, & propter no stram sa lu tem de sce
5 l1. 6l5l4t7 6 6 6 l6 4l3 l2 3
dit de cæ lis. Et in car na tus est
4 l4 4 5 6 6 l2 1. l6 5 l4
Spi ri tu san cto ex Ma ri a Vir gi n
6 5 l4 3 l2 2
ET HOMO FACTUS EST.

C 2 l2 6 l6 5 l3 4 l4 5 6
Ru ci fi xus e ti am pro no bis :
3 l4 5 l6 4 3 6 l5 1. l7 6 l?5
Pon ti o Pi la to, pas sus & se pul tus
6 l2. l2. 1. 4 5 l5 6 t7 6 l2. 7 l1.
Et re sur re xit ter ti a di e, se cun dum S
2. l?1. 2. 2 l3 4 l2 l4 5 6 4
ptu ras. Et a scen dit in cæ lum : se
l6 5 l4 3 6?5 6 6 l6 l6 6 l
ad dex te ram Pa tris. Et i te rum v
4 l2 6 l5 1. l1. 6 l2. l2. 1. 6 t7
tu rus est cum glo ri a ju di ca re vi
l4 5 l4 4 l6 l6 5 5 l6
& mor tu os : Cu jus re gni non e
3 2 6 l6 4 l2 6 5 l5 6 l7
fi nis. Et in Spi ri tum, san ctum Do m
1. l6 l6 l7 l2 ?1. 2. l6 l6 2.
num : & vi vi fi can tem. Qui ex Pa
l6 l4 t7 l6 l4 5 4 4 l2 t7
Fi li o que pro ce dit. Qui cum Pa t
l2. ?1. l2. 3. l6 l6 l7 l2. ?1. 2. 6 lt7
& Fi li o si mul a do ra tur, & con g
l5 l4 5 4 l6 l6 5 l4 3 l4 l2
ri fi ca tur : Qui lo cu tus est per Prop
6 6 l6 l6 2. 1. l4 5 l5 6
tas. Et u nam san ctam Ca tho li cam
l3 l4 5 l5 6 l4 3 l2 2 2 4 l5
A po sto li cam Ec cle si am. Con fi te
2. l1. l2. t7 6 l6 l6 l2. l2. 1. 6 lt
u num ba ptis ma, in re mis si o nem p
l6 5 4 6 l4 3 2 l6 l2. l?1. l2. 3.
ca to rum. Et ex pe cto re sur re cti on
7 l1. 7 6 2. 1. 6 t7 6 l4 5 l5
mor tu o rum. Et vi tam ven tu ri sæ cu
2l14l56l5l43 2
A men.

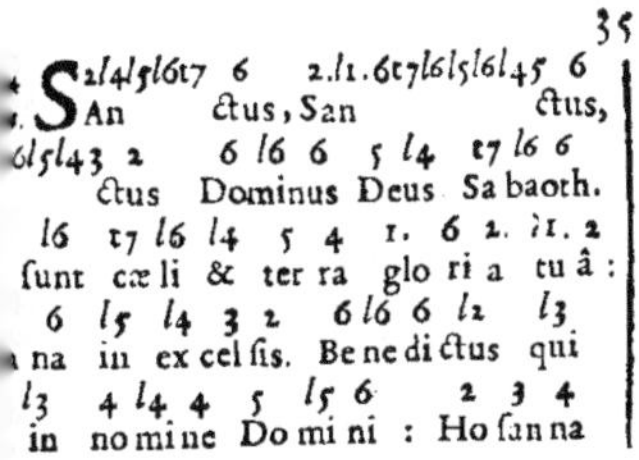

S 2l4l5l6t7 6 2.l1.6t7l6l5l6l4 5 6
San ctus, San ctus,
6l5l43 2 6 l6 6 5 l4 t7 l6 6
ctus Dominus Deus Sabaoth.
l6 t7 l6 l4 5 4 1. 6 2. ?1. 2
sunt cæli & ter ra glo ri a tu â:
6 l5 l4 3 2 6 l6 6 l2 l3
na in ex cel sis. Be ne di ctus qui
l3 4 l4 4 5 l5 6 2 3 4
in no mi ne Do mi ni: Ho san na
l5 l4 3 2
in ex cel sis.

122. A 26 4 5 6 6 2. 1. l6
✣✣ Gnus De i, qui tol lis pec-
t7 l6 2. 1. 4 l5 6 l5 l43 2 ✣
ca ta mun di, mi se re re no bis. ij.
2. l?1. 2. 6 l2. 7 l1. l6 ?5 l6 1.7
A gnus De i, qui tol lis pec ca ta mun-
6 6 l5 ?4 l5 ?3 2
di, do na no bis pa cem.

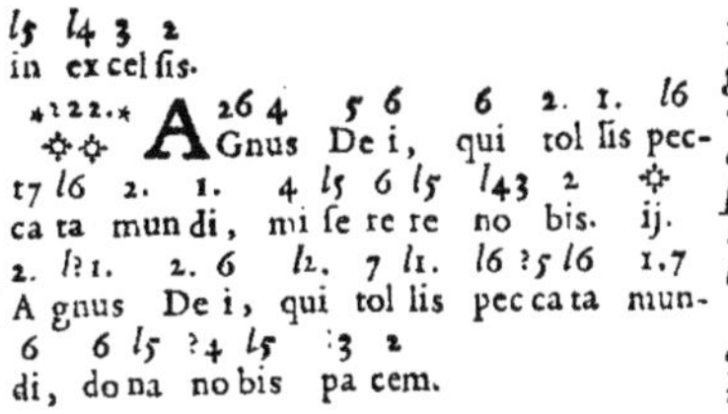

Pieces dans ce genre, qu'ils voudront bien consacrer à la satisfaction & à la pieté publique.

On tâchera qu'il y ait la mesme difference entre celles dont on se sera chargé, & ce que l'on voit icy, qu'il y a entre un Essay grossier & un Ouvrage parfait, entre un Tableau qui n'est qu'ébauché & le mesme, ou un autre auquel on a mis la derniere main.

SECONDE MESSE. *

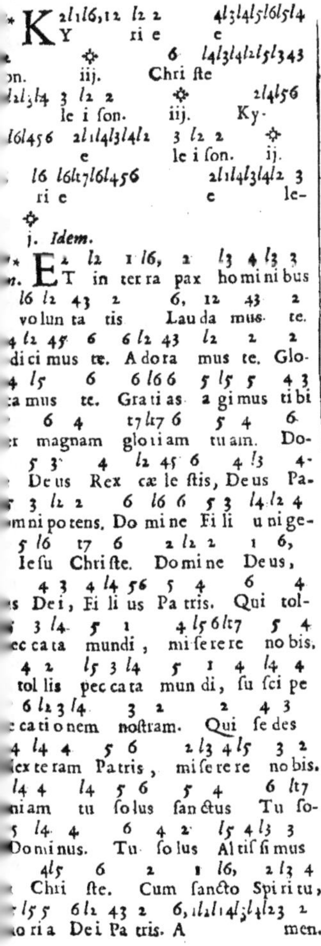

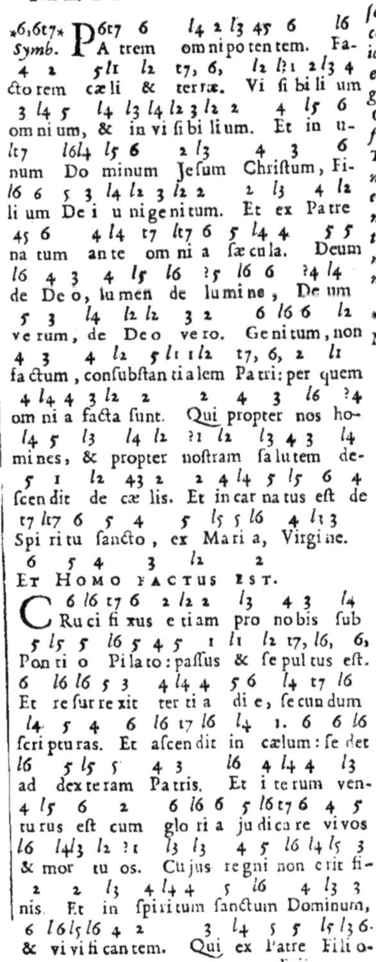

K 2l1l6,12 l2 2 4l3l4l5l6l5l4
Y ri e e
✣ 6 l4l3l4l2l5l343
on. iij. Chri ste
l2l3l4 3 l2 2 ✣ 2l4l56
le i son. iij. Ky-
l6l456 2l1l4l3l4l2 3 l2 2 ✣
e le i son. ij.
l6 l6t7l6l456 2l1l4l3l4l2 3
ri e e le-
✣
j. *Idem.*

E 2 l2 1 l6, 2 l3 4 l3 3
T in ter ra pax ho mi ni bus
l6 l2 43 2 6, 12 43 2
vo lun ta tis Lau da mus te.
4 l2 45 6 6 l2 43 l2 2 2
di ci mus te. A do ra mus te. Glo-
4 l5 6 6 l6 6 5 l5 5 4 3
ca mus te. Gra ti as a gi mus ti bi
6 4 t7 lt7 6 5 4 6
r magnam glo ri am tu am. Do-
5 3 4 l2 45 6 4 l3 4
De us Rex cæ le stis, De us Pa-
5 3 l2 2 6 l6 6 5 3 l4 l2 4
omni po tens. Do mi ne Fi li u ni ge-
5 l6 t7 6 2 l2 2 1 6,
Iesu Chri ste. Domi ne De us,
4 3 4 l4 56 5 4 6 4
s De i, Fi li us Pa tris. Qui tol-
3 l4 5 1 4 l5 6 lt7 5 4
ec ca ta mundi, mi se re re no bis.
4 2 l5 3 l4 5 1 4 l4 4
tol lis pec ca ta mun di, su sci pe
6 l2 3 l4 3 2 2 4 3
ca ti o nem nostram. Qui se des
4 l4 4 5 6 2 l3 4 l5 3 2
lex te ram Pa tris, mi se re re no bis.
l4 4 l4 5 6 5 4 6 lt7
ni am tu so lus san ctus Tu so-
5 l4 4 6 4 2 l5 4 l3 3
Domi nus. Tu so lus Al tis si mus
4l5 6 2 1 l6, 2 l3 4
Chri ste. Cum san cto Spi ri tu,
l5 5 6 l2 43 2 6,l1l1l4l3l4l23 2
lo ri a Dei Pa tris. A men.

6,6t7 P 6t7 6 l4 2 l3 45 6 l6
Symb. A trem om ni po ten tem. Fa-
4 2 5 l1 l2 t7, 6, l2 l?1 2 l3 4
cto rem cæ li & ter ræ. Vi si bi li um
3 l4 5 l4 l3 l4 l2 3 l2 2 4 l5 6
om ni um, & in vi si bi li um. Et in u-
lt7 l6l4 l5 6 2 l3 4 3 6
num Do minum Jesum Christum, Fi-
l6 6 5 3 l4 l2 3 l2 2 2 l3 4 l2
li um De i u ni ge ni tum. Et ex Pa tre
45 6 4 l4 t7 lt7 6 5 l4 4 5 5
na tum an te om ni a sæ cu la. Deum
l6 4 3 4 l5 l6 ?5 l6 6 ?4 l4
de De o, lu men de lu mi ne, De um
5 3 l4 l2 l2 3 2 6 l6 6 l2
ve rum, de De o ve ro. Ge ni tum, non
4 3 4 l2 5 l1 1 l2 t7, 6, 2 l1
fa ctum, con sub stan ti a lem Pa tri: per quem
4 l4 4 3 l2 2 2 4 3 l6 ?4
om ni a fa cta sunt. Qui propter nos ho-
l4 5 l3 l4 l2 ?1 l2 l3 4 3 l4
mi nes, & propter nostram sa lu tem de-
5 1 l2 43 2 2 4 l4 5 l5 6 4
scen dit de cæ lis. Et in car na tus est de
t7 lt7 6 5 4 5 l5 5 l6 4 l?3
Spi ri tu san cto, ex Ma ri a, Vir gi ne.
6 5 4 3 l2 2
ET HOMO FACTUS EST.

C 6 l6 t7 6 2 l2 2 l3 4 3 l4
Ru ci fi xus e ti am pro no bis sub
5 l5 5 l6 5 4 5 1 l1 l2 t7, l6, 6,
Pon ti o Pi la to: pas sus & se pul tus est.
6 l6 l6 5 3 4 l4 4 5 6 l4 t7 l6
Et re sur re xit ter ti a di e, se cun dum
l4 5 4 6 l6 t7 l6 l4 1. 6 6 l6
scri ptu ras. Et a scen dit in cæ lum: se det
l6 5 l5 5 4 3 l6 4 l4 4 l3
ad dex te ram Pa tris. Et i te rum ven-
4 l5 6 2 6 l6 6 5 l6 t7 6 4 5
tu rus est cum glo ri a ju di ca re vi vos
l6 l4l3 l2 ?1 l3 l3 4 5 l6 l4 l5 3
& mor tu os. Cu jus re gni non e rit fi-
2 2 l3 4 l4 4 5 l6 4 l3 3
nis. Et in spi ri tum san ctum Do mi num,
6 l6 l5 l6 4 2 3 l4 5 5 l5 l3 6
& vi vi fi can tem. Qui ex Pa tre Fi li o-

* Du 2. Ton. M. DU MONT.

l5 l4 3 2 2 l3 4 2 l6
que pro ce dit. Qui cum Patre & t7l66 5 l5 l5 l6 4 l3 l3 l4 l4 l5 l6 5
Fi li o, si mul a do ra tur, & conglo ri fi ca- 4 3 l4 5 l5 5 1 l2 t7, 6,
tur : Qui lo cu tus est per Pro phe tas. l6, 1 l1 2l3 4 l2 3 l4 5 l3 l4 l5
Et u nam sanctam Ca tho li cam, & A po- 6 l6 6 l4 3 l2 2 l6 4 l4 4 5 l6
sto li cam Ec cle si am. Con fi te or u num lt7 5 4 5 l5 l5 l6 t7 6 l6 l4 3
Bap tis ma, in re mis si o nem pec ca to- 2 2 l6 45 6 4 l4 1. l1. t7 6
rum. Et ex pe cto re sur re cti o nem l5 l4 5 4 6 4 2 l3 4 l4 5 l6
mor tu o rum. Et vitam ven tu ri sę cu- 6 2l3l4l2 5l4l3 4l5 6l2 43 2
li. A men.

6,2t7 *Hymn.* S 2l4l3l4l24l5 6 6l4l3l4l2l5l34
San ctus. San-

3 6,2 1l2l3 43 2 4 l4 4 5
ctus. San ctus. Do mi nus D
5 l4 4 6 l6 l6 t7 6 l6 4
Sa ba oth. Ple ni sunt cę li, & ter
4 l4 3 4l5 6 14 5 3 l4 l2 3 2
glo ria tu a : Hosanna in excelsis.
l2 4 3 l4 5 1 l4 3 l3 4 5 l4
ne di ctus qui ve nit in no mi ne Dom
6 5 3 l4 l2 43 2
Ho san na in ex cel sis.

6,66 A 6 l2 4 3 l6 4 2
Gnus Dei, qui tol lis p
3 l4 5 4 5 l3 6 l4 3 2
ca ta mun di, mi se re re no bis. *ij.*
2 l3 4 3 l4 5 l1 l4 2 l1 t7,
Agnus Dei qui tol lis pec ca ta mund
2 l3 4 l5 3 2
do na no bis pa cem.

* Du 4. Ton. M. du Mont.

TROISIEME MESSE. *

132 K 356 l6 l6l5 1 l7l676 1 l7l6l5l35
Y ri e e
4l3 l2 3
le i son. *i. & ij.*
6 6l5 3l5l4l3l2l31 5l61.l76 5l6 6
Chri ste e le i son 4. & 5.
3 3l2l3l1 5l61. 1.l7l5 63l5l6 7 l6 6
Chri ste e le i son. 6.
3l2 l1 5l61. 1.l7l1.6l2.l1 7 l6 6
Ky ri e e le i son. 3. & 7.
356 l6 l6l5 1.l7l676 1.l7l5 6l3l5 4l3l2 3 2 1l3l5
Ky ri e e
4l3 l2 3
le i son. 8. & 9.

133 E 3 l3 2 l1 5 l5 6 l7 1.
T in terra pax homini bus
5 l5 l6 l5 4 3 3 56 51. 76
bo næ vo lun ta tis. Lau da mus te.
3 l5 6 l5 1.7 6 3 l1l2 l3l5 4l3l2 3
Be ne di ci mus te. A do ra mus te.
3 l1 l2 35 4l3l2 3 3 l5 6 l6 l5
Glo ri fi ca mus te. Gra ti as a gi-
1. l7l1. 6 l1. l7 6 5 3 l4 5
mus ti bi, propter magnam glo ri am
2l34 3 3 l3 3 2 1 5 l5 6l7 1.
tu am. Domi ne Deus Rex cæ le stis,
l7 l1. 2. 5 l6 1.7 l6 6 3 l3 3
Deus Pa ter om ni po tens. Domi ne
2 1 l5 l5 6 l7 1. 7l1. 2. 5 l6l1. 76
Fi li u ni ge ni te, Je su Chri ste.
6 l6 6 5 3 l4 l3 2 1 1 l2 35
Domi ne Deus, Agnus Dei, Fi li us
4l3l2 3 3 56 6 l1. 7 l5 l6l1. 7
Pa tris. Qui tol lis pec ca ta mun di,
1. l2. 3. l6 1.7 6 3 56 6 l1. 7 l5
mi se re re no bis. Qui tol lis pec ca ta

l6l1. 7 1. l2. 3. l6 l7 l1. l6 5 l3 4
mundi, su sci pe de pre ca ti o nem nost
1 3l4 5 l5 2 l2 3 4 3
Qui se des ad dex te ram Pa tris,
l2 3 l5 4l3l2 3 3 l3 3 l5 6
mi se re re no bis. Quo ni am tu s
7l6l5 6 6 5 3 4l3 l2 3
san ctus. Tu so lus Do mi nus.
2 1 l5 6 l7 1. 1.l7 l5 l6l1.
so lus Al tis si mus, Je su Chri st
3 3 l3 2 l1 1 l5 6 l7 1. 1
Cum san cto Spi ri tu, in glo ri a De
6l5l34 3 365 1.l7l5 6l5l34l3l2 3
Pa tris. A men.

112 *Symb.* P 1 5 3 l4 l5 6 5
A trem om ni po ten tem. F
l6 l7 1.l7 l1. 6 5 l5 l5 5 l4 3
cto rem cæ li & ter rę. Vi si bi li um o
l1 4 l3 l2 l3 l1 2 l1 1 1 l1 1
ni um, & in vi si bi li um. Et in u n
3 l4 5 5 l6 5l4 3 5 l5 5
Do mi num Je sum Chri stum, Fi li u
5 1 l4 l3 2 l1 1 5 l1. 7 l5 6
Dei u ni ge ni tum. Et ex Patre na-
1. 6 l2. 7 l7 1. 6 l5 5 5 l5
tum an te om ni a sę cu la. Deum
5 3 1 l2 l3 4 l4 3 1 l1
De o, lumen de lu mi ne, Deum
2 l3l4l5 l4 l3 2 1 1 l1 1
rum de De o ve ro. Ge ni tum,
3 2 3 l4 5 l1 2 l3 4 3
fa ctum, con sub stan ti a lem Pa tri :
l1 2 l2 3 2 l1 1 l1 5
quem om ni a fa cta sunt. Qui prop
l5 6 l7 1. 3 l4 l5 6 l2
nos ho mi nes, & propter nostram

4 5 5 3 4 l2 3l45 1 5 5
u tem descen dit de cæ lis. Et in-
l1 2 l2 3 1 3 l3 4 56 5 5
ar na tus est de Spi ri tu san cto, ex
1. 7 l5 l6l5 l4 3 5 1l2l34 3
Ia ri a Vir gi ne. ET HO MO
2 l1 1
ACTUS EST.
C 1 l5 6l7 1. 5 l5 5 l6 4 3
Ru ci fi xus e ti am pro no bis:
l1 2 l2 2 3 4l3 2 3 l2l1 7.
ub Pon ti o Pi la to pas sus &
2 l1 1 1 l3 l4 5 5 6 l6 5
pul tus est. Et re sur re xit ter ti a
3 l5 6l71. 7 l5 6 5 5 l5
e, se cun dum scri ptu ras. Et as-
1. 6 l6 2. 7 5 l1. l7 6 l6
en dit in cæ lum: se det ad dex te-
5 4 3 l1 1 l1 1 l2 3 l4 5
am Pa tris. Et i te rum ven tu rus est
l5 6 l7 1. 5 l5 3 l1 4 l2 l5 34
am glo ri a ju di ca re vi vos & mor-
5 5 2 l2 3 1 4 l3 l1 2 1
os: Cu jus re gni non e rit fi nis.
l5 6 l6 5 3 l1 4 l4 3
in Spi ri tum san ctum Do mi num,
l3 l2 l5 34 5 3 l3 4 2 l3
vi vi fi cantem: Qui ex Pa tre, Fi-
5 l4 l3 2 1 5 l5 1. l7 l1.
o que pro ce dit. Qui cum Pa tre &
l5 5 l3 l4 l5 l5 5 1 l1 l4 l3 l4
li o, si mul a do ra tur, & con glo ri-
6 5 l5 l5 5 l4 3 l2 l3
ca tur. Qui lo cu tus est per Pro-

4 3 1 l3 l4 5 5 l5 6 l7 1.
phe tas. Et u nam San ctam, Ca tho li cam,
l5 l1. l1. 7 l6 7 l1. 6 l5 5 5 5 l4 3
& A po sto li cam Ec cle si am. Con fi te or
1 l3 l4 56 5 l1. l7 l6 l5 4 3
u num ba ptis ma, in re mis si o nem
l2 l5 34 5 5 l1 2 3 l1 l5 l6 l7 1.
pecca torum. Et ex pe cto re sur re cti o-
5 6 l5 4 3 1 56 5 l3 4 l3
nem mor tu o rum. Et vi tam ven tu ri
2 l1 1 5+3143 21
sę cu li. A men.

132 S 3561. 76 6l5l3l5l4l3l2 3
An ctus. San ctus.
1l3l4l5l6l1. 76 1. l1 1 7 l5 6 l7 1.
San ctus. Do mi nus De us Sa ba oth.
6 l7 1. 2. 5 l6 5l4l34 3 5 l6 1.
Ple ni sunt cę li, & ter ra, glo ri a
7 6 3 1 l2 3 l5 4l3l2 3 3 l3
tu a: Ho san na in ex cel sis. Be ne-
2 1 1 3l4 5 l5 2 l2 3 4 l4
di ctus qui ve nit in no mi ne Do mi-
3 3 1 l2 3 l5 4l3l2 3
ni: Ho san na in ex cel sis.

132 A 3 l1 3l4 5 l5 6l7 1. l6 2.
✣✣ Gnus De i, qui tol lis pec ca-
l1. 7 6 1. l7 l5 65 l3 4l3l2 3 ✣
ta mun di, mi se re re no bis. ij.
3 5 6l1. 76 1. 7 5 l6 5 l3 4
Agnus De i, qui tol lis pec ca ta mun-
3 1 l2 3 l5 4l3l2 3
di, do na no bis pa cem.

✣✣

QUATRIEME MESSE.*

* Du 5. Ton. M. DU MONT.

111.* K 15 l5 5651.l7l565 l5l6l5l4l3l23
✣✣ Y ri e e
l2l3l4 2 l1 1 ✣
le i son. 1. & 3.
l6 l5l1 l7l1 l6l765 l5l6l5l3l4l231l5l6l5l1.
Ky ri e e
l7 1. ✣ 1.l7l1. l6l5l?4l565
i son. ij. Chri ste
l5l4l3l23l1l2l34l3l4l5 6 l5 5 ✣
le i son. iij.
l3 l2l3l4l5l1l5l651.l7l1.l6l5?45 l5l3l4l3l2l1
Ky ri e e
l1 1 ✣
i son. iij.

151.* E 5 l5 3 l1 5 l3 6 l6 5
Hymn. T in ter ra pax ho mi ni bus
l2 l3 l4 2 1 5 6 l5l34 3
bo nę vo lun ta tis. Lau da mus te.
5 l6 l7 l1. 6 5 5 l1. 6 7 1. 1.
Be ne di ci mus te. A do ra mus te. Glo-
l56 l5 l3 43 2 1 5 l5 5 l3 l4
ri fi ca mus te. Gra ti as a gi-

5 6 5 l1. l7 1. 5 1. l7 1.
mus ti bi, pro pter ma gnam glo ri am
6 5 5 l5 5 5 l3 4 l5 6 5
tu am. Do mi ne De us, Rex cę le stis,
3 l4 5 l2 l3 2 l1 1 5 l5 6
De us Pa ter om ni po tens. Do mi ne
5 l3 l4 l5 6 l6 5 5 l1. 67 1. 1.
Fi li u ni ge ni te, Je su Chri ste. Do
l7 l1. 6 5 l3 l5 4 3 1 l4 3 2
mi ne De us, A gnus De i Fi li us Pa-
1 5 1. l7 l5 l1. l7 6 5 3
tris. Qui tol lis pec ca ta mun di, mi-
l5 1 l3 l4l56 5 5 1. l7 l5 l1.
se re re no bis. Qui tol lis pec ca-
l7 6 5 3 l4 5 l6 l5 l4 l3 l2 l1
ta mun di, su sci pe de pre ca ti o nem
2 1 1. 6 5 l5 3 l1 4
no stram. Qui se des ad dex te ram
3l2 3 1 l3 5 l3 2 1 5 l5 5
Pa tris, mi se re re no bis. Quo ni am
l3 6 l5l1. 67 1. 1. l6l7 l6l5 4
tu so lus san ctus. Tu so lus Do-

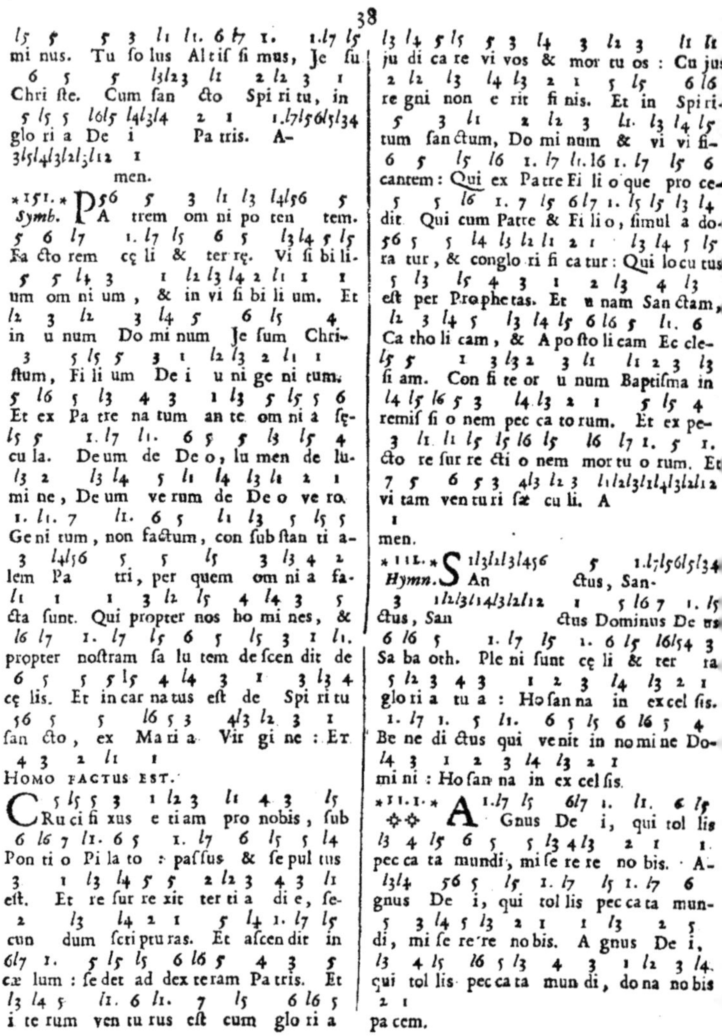

l5 5 5 3 l1 l1. 6 l7 1. 1.l7 l5
mi nus. Tu ſo lus Al tiſ ſi mus, Je ſu
6 5 5 l3l23 l1 2 l2 3 1
Chri ſte. Cum ſan cto Spi ri tu, in
5 l5 5 l6l5 l4l3l4 2 1 1.l7l56l5l34
glo ri a De i Pa tris. A-
3l5l4l3l2l3l12 1
men.

151. P56 5 3 l1 l3 l4l56 5
Symb. PA trem om ni po ten tem.
5 6 l7 1. l7 l5 6 5 l3l4 5 l5
Fa cto rem cę li & ter rę. Vi ſi bi li-
5 5 l4 3 1 l2 l3 l4 2 l1 1 1
um om ni um, & in vi ſi bi li um. Et
l2 3 l2 3 l4 5 6 l5 4
in u num Do mi num Je ſum Chri-
3 5 l5 5 3 1 l2 l3 2 l1 1
ſtum, Fi li um De i u ni ge ni tum.
5 l6 5 l3 4 3 1 l3 5 l5 5 6
Et ex Pa tre na tum an te om ni a ſę-
l5 5 1. l7 l1. 6 5 5 l3 l5 4
cu la. De um de De o, lu men de lu-
l3 2 l3 l4 5 l1 l4 l3 l1 2 1
mi ne, De um ve rum de De o ve ro.
1. l1. 7 l1. 6 5 l1 l3 5 l5 5
Ge ni tum, non factum, con ſub ſtan ti a-
3 l4l56 5 5 l5 3 l3 4 2
lem Pa tri, per quem om ni a fa-
l1 1 1 3 l2 l5 4 l4 3 5
cta ſunt. Qui propter nos ho mi nes, &
l6 l7 1. l7 l5 6 5 l5 3 1 l1.
propter noſtram ſa lu tem de ſcen dit de
6 5 5 5 l5 4 l4 3 1 3 l3 4
cę lis. Et in car na tus eſt de Spi ri tu
56 5 5 l6 5 3 4l3 l2 3 1
ſan cto, ex Ma ri a Vir gi ne: Et
4 3 2 l1 1
HOMO FACTUS EST.

C 5 l5 5 3 1 l2 3 l1 4 3 l5
CRu ci fi xus e ti am pro nobis, ſub
6 l6 7 l1. 6 5 1. l7 6 l5 5 l4
Pon ti o Pi la to: paſſus & ſe pul tus
3 1 l3 l4 5 5 2 l2 3 4 3 l1
eſt. Et re ſur re xit ter ti a di e, ſe-
2 l3 l4 2 1 5 l4 1. l7 l5
cun dum ſcri ptu ras. Et aſcen dit in
6l7 1. 5 l5 l5 6 l6 5 4 3 5
cæ lum: ſe det ad dex te ram Pa tris. Et
l3 l4 5 l1. 6 l1. 7 l5 6 l6 5
i te rum ven tu rus eſt cum glo ri a
l3 l4 5 l5 5 3 l4 3 l2 3 l1 l1
ju di ca re vi vos & mor tu os: Cu jus
2 l2 l3 l4 l3 2 1 5 l5 6 l6
re gni non e rit fi nis. Et in Spi ri-
5 3 l1 2 l2 3 l1. l3 l4 l5
tum ſan ctum, Do mi num & vi vi fi-
6 5 l5 l6 1. l7 l1. l6 1. l7 l5 6
cantem: Qui ex Pa tre Fi li o que pro ce-
5 5 l6 1. 7 l5 6 l7 1. l5 l5 l3 l4
dit. Qui cum Patre & Fi li o, ſimul a do-
56 5 5 l4 l3 l2 l1 2 1 l3 l4 5 l5
ra tur, & conglo ri fi ca tur: Qui lo cu tus
5 l3 l5 4 3 1 2 l3 4 l3
eſt per Prophe tas. Et u nam San ctam,
l2 3 l4 5 l3 l4 l5 6 l6 5 l1. 6
Ca tho li cam, & A po ſto li cam Ec cle-
l5 5 1 3 l3 2 3 l1 l1 2 3 l3
ſi am. Con fi te or u num Baptiſma in
l4 l5 l6 5 3 l4 l3 2 1 5 l5 4
remiſ ſi o nem pec ca to rum. Et ex pe-
3 l1 l1 l5 l5 l6 l5 l6 l7 1. 5 1.
cto re ſur re cti o nem mor tu o rum. Et
7 5 6 5 3 4l3 l2 3 l1l2l3l1l4l3l2l12
vi tam ven tu ri ſæ cu li. A
1
men.

111. S 1l3l2l3l456 5 1.l7l56l5l34
Hymn. SAn ctus, San-
3 1l2l3l14l3l2l12 1 5 l6 7 1. l5
ctus, San ctus Dominus De us
6 l6 5 1. l7 l5 1. 6 l5 l6l54 3
Sa ba oth. Ple ni ſunt cę li & ter ra
5 l2 3 4 3 1 2 3 l4 l3 2 1
glo ri a tu a: Ho ſan na in ex cel ſis.
1. l7 1. 5 l1. 6 5 l5 6 l6 5 4
Be ne di ctus qui ve nit in no mi ne Do-
l4 3 1 2 3 l4 l3 2 1
mi ni: Ho ſan na in ex cel ſis.

11.1. A 1.l7 l5 6l7 1. l1. 6 l5
✣✣ AGnus De i, qui tol lis
l3 4 l5 6 5 5 l3 4 l3 2 1 1.
pec ca ta mundi, mi ſe re re no bis. A-
l3l4 56 5 l5 1. l7 l5 1. l7 6
gnus De i, qui tol lis pec ca ta mun-
5 3 l4 5 l3 2 1 1 l3 2 5
di, mi ſe re re no bis. A gnus De i,
l3 4 l5 l6 5 l3 4 3 1 l2 3 l4
qui tol lis pec ca ta mun di, do na no bis
2 1
pa cem.

CINQUIEME MESSE.*

* Du 6. Ton. M. du Mont.

5,1 6 K 1l23 l3 3l2l343 5l4l3l24l3l2l1
✣✣ KY ri e e
5l3l1l23l45 1l7,l5,1l2l3 2 l1 1 ✣
e e le i ſon. 3. & 7.
2 l1 1 ✣ 5 3l2l3l14l3l23
le i ſon. *j. & ij.* Chri ſte
1l7, l5, 1l2l3l15l343 3l2l7,l1l25,1l2l34
Ky ri e e-
1l2l4l32l1l6,l7,l1 2 l1 1 ✣ 5 6
e le i ſon. *iij.* Ky ri-
2 l1 1 ✣
le i ſon. 8. & 9.

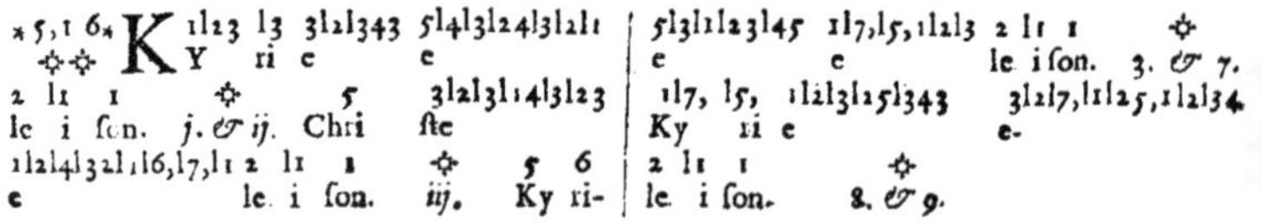

5,16* E1 l1 6,l5, 1 l1 2 l2 3
Hymn. ET in ter ra pax ho mi ni bus
l2 l3 l4 2 1 1l2 3 4 3
nę vo lun ta tis. Lau da mus te.
l4 3 l1 2 3 5 l3 l1 2 1 5,
ne di ci mus te. A do ra mus te. Glo-
l2 3 2 1 1 l2 3 l3 l2 3 4 3
fi ca mus te. Gra ti as a gi mus ti bi,
5 l4 3 l1 2 l3 4 2 1 1
opter ma gnam glo ri am tu am. Do-
1 6. 5, 1 l2 3 l2 l3 l4 5
i ne De us Rex cę le ſtis, De us Pa-
l3 2 l1 1 5, l5, 5, 1 6, l7, l1
om ni po tens. Do mi ne Fi li u ni-
l2 2 3 l1 4 3 5 l5 5 3
ni te Je ſu Chri ſte. Do mi ne De-
3 l4 5 6 5 1 l2 3 l5 4 3 1
A gnus De i, Fi li us Pa tris. Qui
3 l1 7, l1 6, 5, 1 l6, l7, l1 2 1 1
llis peccata mun di, mi ſe re re nobis. Qui
3 l1 3 l5 4 3 5 l5 5 l3 l1
lis pec ca ta mun di, ſu ſci pe de pre-
l3 4 l5 6 5 1 3 2 l5 3
ti o nem no ſtram. Qui ſe des ad dex-
4 3 l2 3 5 l1 2 l3 2 1. 1
ram Pa tris, mi ſe re re no bis. Quo-
1 l7, l1 l6, 5, 1 1 2 l3
am tu ſo lus ſanctus. Tu ſo lus
4 3 l2 3 1 3 l4 l5 6 l6 5 3
o mi nus. Tu ſo lus Al tiſ ſi mus Je-
4 3 1 7, l5, 6, l7, 1 l5,
Chri ſte. Cum ſancto Spi ri tu, in
l2 3 2 l3 l4 2 1 5 l4 l3 l2 3 1 4 l3 2
o ri a De i Pa tris. A
l6, l7, l1 2 1
men.

5,5,6* P5, 1 l1 l2 l3 4 3 1 3
Symb. PAtrem om ni po ten tem. Fa cto-
5 l4 l3 2 1. 1 l1 2 l2 2 3
m cę li & ter rę. Vi ſi bi li um om-
3 5 l1 l2 l3 l2 1 1 5 l5 3 l1
um, & in vi ſi bi li um. Et in u num
l3 4 2 l5 ?4 5 2 l2 2
o mi num Je ſum Chri ſtum Fi li um
1 l4 l3 2 l1 1 1 6, l7, l1 6,
e i u ni ge ni tum. Et ex Pa tre na-
1 l2 3 l3 1 4 l4 3 5 l5 l5
m, an te om ni a ſę cu la. De um de
5 3 l3 l1 3 l4 5 2 l2 3
e o, lu men de lu mi ne, De um ve-
4 l4 l3 l1 2 1 1 l1 7, l1 6,
m de De o ve ro. Ge ni tum, non fa-
5, l5, l5, 1 l1 2 l3 4 3 5 l1
um, conſubſtan ti a lem Pa tri: per quem
l3 4 2 l1 1 1 1 l7, l5,
n ni a fa cta ſunt. Qui propter nos
6, l7, 1 l5, l1 l2 3 l2 l3 4 3
o mi nes, & propter noſtram ſa lu tem
3 l2 l1 2 1 1 1 l1 6, l5, 1
eſcen dit de cæ lis. Et in car na tus eſt
1 3 l3 3 4 5 5 l6 5 l3 4 l4 3
de Spi ri tu ſancto, ex Ma ri a Vir gi ne.
1 2 3 2 l1 1
ET HOMO FACTUS EST.

C1 l1 5 l5 3 l2 3 l1 4 3 l1
CRu ci fi xus e ti am pro no bis ſub
1 l1 7, l1 6, 5, 1 l2 3 l2 5 l?4
Pon ti o Pi la to: paſ ſus & ſe pul tus
5 5 l5 l5 6 5 1 l1 1 2 3 l1 4
eſt. Et re ſur re xit ter ti a di e, ſecun-
l3 l1 2 1 5, l1 2 l3 l5 4 3
dum ſcri ptu ras. Et a ſcen dit in cæ lum:
1 l3 l4 5 l5 5 6 5 5 l5 l4 3
ſe det ad dex te ram Pa tris. Et i te rum
l1 2 l3 4 l2 3 l4 5 l1 l1 1 l6, 2
ven tu rus eſt cum glo ri a ju di ca re vi-
l7, l1 6, l5, 5, l1 l1 2 l3 l5 l4 l3
vos & mor tu os: Cu jus re gni non e rit
2 1 1 l1 2 l2 3 1 l2 3 l4
fi nis. Et in Spi ri tum ſanctum, Domi-
5 l3 l3 l4 l5 6 5 5 l5 3 1
num & vi vi fi can tem: Qui ex Pa tre,
l2 l3 4 l3 l1 2 1 1 l1 6, 5, l1
Fi li o que pro ce dit. Qui cum Pa tre &
6, l7, 1 l5, l5 l1 l2 3 l2 l5 l3 l1 l2
Fi li o ſi mul a do ra tur, & con glo ri-
l3 2 1 l1 l1 2 l2 2 l3 l1 4 3 5
fi ca tur: Qui lo cu tus eſt per Prophe tas. Et
l5 l5 5 3 l1 2 l2 3 l1 l3 l4 5
u nam Sanctam, Ca tholicam, & Apo ſto-
l5 5 l5 6 l5 5 1 6, l5, 1 6, l7,
li cam Ec cle ſi am. Con fi te or u num
l1 2 5, 1 l1 l2 l3 4 2 l3 l5 ?4 5
Ba ptiſma in re miſſi o nem pec ca to rum.
5 l5 6 5 l1 l2 l3 l4 5 l5 2 l3 4
Et ex pe cto re ſur re cti o nem mor tu o-
3 1 4 2 l2 3 l3 4 l4 5 1 l2 4
rum. Et vi tam ven tu ri ſę cu li. A-
3 2 l1 l6, l7, l1 2 1
men.

5,16 S1 l7, l5, 1 l2 l3 4 3 5 l4 l3 l2 l3 l1 3 l4 5
Hymn. SAn ctus. San ctus.
1 l2 4 3 l2 l1 2 1 1 l2 3 l2 l3 4 l3 l2 3
San ctus Do mi nus De us Sa ba oth.
1 l3 l4 5 6 5 l3 l5 4 l3 l4 2 2 l3 5
Ple ni ſunt cæ li, & ter ra glo ri a
?4 5 2 3 1 6, l7, l1 2 1 1 l1
tu a: Ho ſan na in ex cel ſis. Be ne-
2 l3 l5 4 3 l1 1 l7, 1 6, l5, 5,
di ctus qui ve nit in no mi ne Do mi ni:
1 l2 4 3 1 l2 l3 2 1
Ho ſan na in ex cel ſis.

5,15 A1 l1 2 3 l1 1 l6, l2 7,
✡✡ AGnus De i, qui tol lis pec ca-
l1 6, 5, 5 l1 2 l3 2 1
ta mun di, mi ſe re re no bis. ij.
5 l5 4 3 l1 2 3 l4 2 l5 ?4 5
A gnus De i, qui tol lis pec ca ta mun di,
2 3 l1 4 l3 2 1
do na no bis pa cem.

* Du 6 Ton.
M. Niver.

SIXIEME MESSE. *

6,16 K 1 23 3235653l45 15l43l2314l3
✣✣ KY ri e e
2l17,l116, 7, l1 l121 ✣ 1 17,6,7,l12
le i son. iij. Christe
25l43l23143l2 3 l4 l45 ✣ 1 l1
e le i son. iij. Ky ri-
17,6,7,l12 234l32l17, l1 12 l1 1 ✣
e e le i son. iij.

6,16 E 1 23 32 l1 l12 l5 3 l4 l45
Hymn. ET in ter ra pax hominibus
l1 l2 7, l1 12 1 1 l7,l6, 7, l12 l25
bo næ vo lun ta tis. Lau da mus te. Be-
l4l3 2 l1 7,l1 21 1 l1 l7,l6, 7, l12
ne di ci mus te. A do ra mus te.
l23 l2 l1 7, 1l2 21 l5l4l43 2 l1 l5
Glo ri fi ca mus te. Gra ti as a gi mus
l56 5 l1l7, 6, l2l1 7, l5l4 l3 l4
ti bi pro pter ma gnam glo ri am
2 1 5 l5 l5l6 4 3 l32 1 56 5
tu am. Do mi ne De us rex cę le stis,
l1l7, 6, l2l1 7, l1 12 l1 1 1
De us Pa ter om ni po tens. Do-
l1 l2 l23 2 l5 l3 l4 l5 6 l3 l5 l5?4
mi ne Fi li u ni ge ni te, Je su Chri-
5 1 l1 l2 l23 2 l5 l3 l45 6 3
ste. Do mi ne De us, A gnus De i, Fi-
l4 l5 l5?4 5 1 5 l43 2 l4l3 l2l1
li us Pa tris. Qui tol lis pec ca ta
56 5 l1 l2 7, l1 12 1 1 5 l43
mun di, mi se re re no bis. Qui tol lis
2 l4l3 l2l1 56 5 l1 l2 l23 l2 l3 l2
pec ca ta mun di, su sci pe de pre ca-
l1 7, l1 12 1 1 5 l43 l3
ti o nem no stram. Qui se des ad
l4 l5 l5l6 l43 2 l25 l4l3 l2l1 7,
dex te ram Pa tris, mi se re re
12 1 5 l4 l43 l3 l2 l1 7, 6,
no bis. Quo ni am tu so lus san ctus.
3 l2 l1 7, l1 1 1 5 l43 l3
Tu so lus Do mi nus. Tu so lus Al-
l4 l5 l56 l3 l5 l5?4 5 23 21 7,
tis si mus Je su Chri ste. Cum san cto
12 l1 1 1 l2 l3 l34 l3 l2 l3l56 5
Spi ri tu. In glo ri a De i Pa tris.
1l7,l6,7,l1 l121
A men.

5,16 P 1 23 l2l4 3 l2 32 1 l1
Symb. PA trem om ni po ten tem. Fa-
17, 6, 2 l7, l1 12 1 l15 l6 l5 l4 32
cto rem cę li & ter ræ Vi si bi li um
56 l5 5 l1 l2 7, l1 12 l1 1 l1 l5
om ni um & in vi si bi li um. Et in
l5 l6 5 l4 3 l2l1 56 5 l1 l2
u num Do mi num Je sum Chri stum, Fi li-
3 l2 l1 7, l1 12 l1 1 1 l1 l7, l6,
um De i, u ni ge ni tum. Et ex pa tre
l7,1 2 l2 l5 3 l3 l4 l56 l5 5 1 l7,
na tum an te om ni a se cu la. Deum
16, l7,l1 2 2 l3 l1 l2 l3 4 l4 l5
de De o, lu men de lu mi ne, Deum
l6l5 3 l2 l3 l5 l5?4 5 5 l4 l3
ve rum de De o, ve ro Ge ni tum,
l4 3 2 l2 l5 l4 l3 l2 l1 7, 6
non fa ctum, con sub stan ti a lem Patri
l3 l5 4 l3 l23 2 l1 1 l1
per quem om ni a fa cta sunt. Qui
l5 l3 l4 3 l2 2 l2 l5 l4 l3 l2
pro pter nos ho mi nes, & propter nostram
l1 7, 6, 3 l2l1 7, l5l6 ?4 1 1 l7
sa lu tem, de scen dit de cæ lis. Et i[n-]
l6, t7,l6,l5,12 l1 1 l5 3 l3 l4 l5
car na tus est de Spi ri tu san-
5 l2 l3 l2l7, l1 l4 3 25 43
cto ex Ma ri a vir gi ne: Et Ho m[o]
12 l1 1 1 l1 l7, l6, t7, lt7 l6,l5,
fa ctus est. Cru ci fi xus e ti am p[ro]
2 1 l5 3 l3 l4 l2 l3l4 5 23 l2
no bis: sub Pon ti o Pi la to pas su[s,]
7, l1 12 l1 1 1 l5 l56 l5l4 3
& se pul tus est. Et re sur re xi[t]
3 l3 l4l2 l3l4 5 l1 l23 2 l1 l1
ter ti a di e se cun dum scri ptu-
1 l1 l3 5 l5 l6 l5l4 3 3 l4
ras. Et a scen dit in cę lum: se det a[d]
2 l1 l5 l56 5 1 7, l1 l6, 7
dex te ram Pa tris. Et i te rum ve[n-]
l1 l2 3 1 l2 l3 4 l3 l2 l3 l5 l5
tu rus est cum glo ri a ju di ca re vi[vos]
5 1l7,l6, t7l6,l5,12 l1 1 l1
vos & mor tu os: Cu[-]
6, l2l1 7, l54 l3 l4 2 1 1l7, l6,
jus re gni non e rit fi nis. Et in Sp[i-]
l1 2 2l3 l1 l2 l3 4 l3 l2 l3
ri tum san ctum Do mi num, & vi vi[fi-]
l5?4 5 1 l7,l6, l2l1 7, l5 l4 3
can tem: Qui ex Pa tre, Fi li o q[ue]
l1 l17, 1 l1 l2 3 l2 l5 l3 l4
pro ce dit. Qui cum Pa tre & Fi li[o]
l1 l2 l3 l4 3 2 l2l3 l2 l1 7, l1 1
si mul a do ra tur, & con glo ri fi ca[-]
1 l5 l3 l2 l1 7, l1 l6, 7, 1
tur: Qui lo cu tus est per prophetas.
l1 l2 3 l2 l5 l3 l4 5 2 l5
u nam san ctam, Ca tho li cam, & A p[o-]
2 l1 7, l1l6, 7, l1 1 1 5 l4 l3
sto li cam Ec cle si am. Con fi te or u[-]
l2 l1 56 5 l1 l2 3 l3 l2 l1 7,
num ba tis ma in re mis si o nem pec[ca-]
12 1 l1 l5 5 l43 l3 l4 2 l1 5
to rum. Et ex pe cto re sur re cti o[-]
5 1l7, l6,t7,6, 5, 1 23 l2
nem mor tu o rum. Et vi tam ve[n-]

3 l2 l1 l7, 123 21
i sç cu li. A men.
6.*S1:3121 1 1232432 21
m. An ctus. San- ctus.
6,5, 1 l2 23 67, l1 12 l1 1
ctus. Do mi nus De us Sa ba oth.
l4l3 l2l1 56 5 1l23 l2l1 l7,6, 2
ni sunt cę li & ter ra glo-
7, 1l2l23 l3 l35 l43 23 l1 12l1
tu a : Ho san na in ex cel-
1 l2 23 2 35 56 5 l1 l23
Be ne di ctus qui ve nit in no-

l3 l2 l17, l6, 6, l3 l35l43 23 l1 121 1
mi ne Do mi ni : Ho san na in ex cel sis.
5,16 A1 23 12l1 1 1 5 l43
✣✣ Gnus De i, qui tol lis
2 l4l3 l2l1 56 5 1 2 7, l1 12
pec ca ta mun di, mi se re re no-
1 ✣ 17, 6,5, 1 23 l3 l32
bis. *j. & ij.* A gnus De i, qui tol-
l17, l1 2 l3 43 2 l25 l4l3 l2l1 7,
lis pec ca ta mun di, do na no bis,
12 1
pa cem.

* Du 1. Ton. de M. ***

SEPTIEME MESSE.

4.* K 24l56 l6 6 l2.l1 l2.l3.l4.
✣ Y ri e
.l1.t76 l6l5l4l3l2 6 l2 2 ✣ 6
e le i son. *iij.* Chri-
l4t7l6lt7l1.l6lt7l6l5l4 56 l6l5l4l32
l3l2 ?1l2 2 ✣ 2 l2l3l4l2
le i son. 4. & 5. Chri ste
1.l6l2.l1.l2.l3.4 l3.l2.1.l7l62. ?1. l2.
e le i-
✣ 2. l?1. 2. l2l3l4l2l6l4l5l3l456
6. Ky ri e
7 l6 6 ✣ 6 t7 l6lt7l1.l6lt7l6l5
le i son. 7. & 8. Ky ri e
l2.l1.l2.l3.l4.l3.l2.l1.t76l6l5l4l3l4 l2
e-
2 ✣
son. 8.
4.* E 2 l2 2 l3 4 l2 6 l6
nn. T in ter ra pax ho mi ni-
t76 54 l3 l2 6 2 23 4l3l2
bo nę vo lun ta tis. Lau da-
2 2 l3 4 l2 4l5 l6 2. 1. l6
te. Be ne di ci mus te. A do ra-
6 6 l7 l1. 2 ?1. 2. 6 l6 6
te. Glo ri fi ca mus te. Gra ti as
3 2 t7 6 l6l7 1. 2. ?1.
mus ti bi, pro pter magnam
l3.l4. 3. 2. 2 2l 2 6 l4 1. l6
riam tu am. Do mi ne De us Rex cę-
1. l6 tl7 5 l4 l2 6 l2 2 6
stis, De us Pa ter om ni po tens. Do-
6 2. 1. l6 lt7 1. l44 5 l6 t7 6
ne Fi li u ni ge ni te, Je su Chri ste.
l?1. 2. l2 l3 4 l5 6 4 1. l1 1.
mi ne De us, Agnus De i, Fi li us
6 6 5 4 l3l4l5l6l7 1. l6
tris. Qui tol lis pec ca ta
1. 2. l3. 4.l3.l2.1.l6 2l?1. 2. 2
n di, mi se re re no bis Qui
6 3 l4l5l6l71. l6 2. 1. 2. l3 4.
lis pec ca ta mun di, sus ci pe
2. l1 l7 l6l5 l4 3 l3 6 2 6
pre ca ti o nem nostram. Qui

t7 6 l4 1. l1. 1. 2. 6 2.l3. 4.l3.l21.
se des ad dexteram Pa tris, mi se re-
l6 2.l?1. 2. 2 l3 4 l4 5 l6 t7 6
re no bis. Quo ni am tu so lus sanctus.
6 l2.l1 lt7l65 l4 5 l6 6 2. l4.l3.l2.
Tu so lus Dominus. Tu so-
l1.t7 l6 l4 1 l1. 1. 2 1. t7 6
lus Al tis si mus Je su Chri ste.
2 l2l3l4l3l4l5l6l5l6l7 ?1. 2. l?1 2.
Cum san cto Spi ri tu,
l2. 2. l3. 4. l3.l2.l1.t7 l6 5 4
in glo ri a De i Pa tris.
l3l4l5l3l6l7l1.l6l2.l1.l2.l3.4.l3.l2.1.lt76l5l4l3l2
A
6 2
a men.
124. P2 6 l3 l4 l5 l6l5l6l7l1.2l?1.
Symb. Atrem om ni po ten-
2. l2. 2. l3 4.l3. l2.l1. lt7l6 5 4
tem. Fa cto rem cę li & ter rę.
l4 l5 6 l7 1. 2. l?1. 2. l2. l3. l4.l3.l2. ?1.
Vi si bi li um om ni um & in vi si bi-
l2. 2. 2 l3 4 l2 4 l5 6 t7 l6
li um. Et in u num Dominum Je sum
5 4 1. l1. 1. 2. 6 l?4 l5 6 l2 2
Chri stum Fi li um De i u ni ge ni tum.
2. l6 t7 l6 l5 4 l1 l2 3 l4 l5 6
Et ex Pa tre na tum an te om ni a sę-
l2 2 2.l?1. l7 1. 1. l6 lt7 l6 t7
cu la. De um de De o, lu men de lu-
l1. 6 l4. l3. 2. 1. l6 t7l1 l2. ?1. 2.
mi ne, De um ve rum de De o ve ro.
2. l1. l2. l3. 4. 4. l4. l3. l2. l1.
Ge ni tum, non fa ctum, con sub stan ti-
2. l3. 6 6 ?4 l?4 5 l5 5 6 l2
a lem Pa tri, per quem om ni a fa cta
2 l6 2. l2. l1. 2. l3. 4. l4
sunt. Qui propter nos ho mi nes, &
l5 l5 l6 t7 l4 1. 4 l4. l3. 2. l2.
pro pter no stram sa lu tem de scen dit de
?1. 2. 2 4 l4 5 l5 6 l6 t7 l6 l5
cę lis. Et in car na tus est de Spi ri tu
5 4 6 l6 5 l3 4 l2 6 6 t7
san cto, ex Ma ri a Vir gi ne : Et Ho-

Page 42. a.

*Du 1. Ton. de M. ***

Voyez les errata de ces Messes, Pag 54. en marge, & corrigez les auparavant que de chanter; car il ne faut qu'un Nombre, autre qu'il ne doit estre, dans une Piece, pour en alterer le Mode, & pour causer une dissonance qui ne feroit pas d'honneur à l'Auteur. Il n'y a rien de plus évident ny de plus certain que les Mathematiques, & ce qui les concerne, il est vray, mais aussi il n'y a rien où il faille apporter tant d'exactitude & de presence d'esprit: un seul Point trop, ou trop peu, vous renverse tout, & vous remet au commencemēt, lors que vous croyez estre à la fin.

* *Les quatre choses dont il est parlé dans ces Exemples,* PLEIN-CHANT, FAUX-BOURDON, CONTRE-POINT, & MUSIQUE, *ne different propremēt que du plus & du moins. Dans le* Plein-Chant, *il n'y a qu'une seule Partie, & toutes les valeurs sont égales: Dans le* Faux-bourdon, *il y a ordinairement uniformité de valeurs comme dans le Plein-Chant, mais il y a 4. Parties differentes: Dans le* Con-tre-point *au contraire, il*

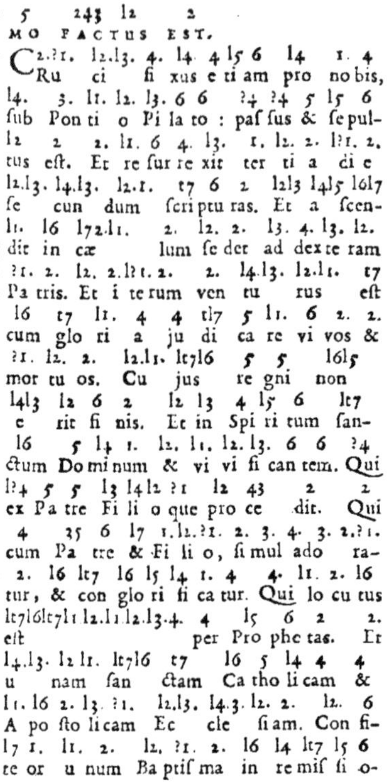

5 243 l2 2
MO FACTUS EST.

C 2.?1. l2.l3. 4. l4 4 l5 6 l4 1. 4
Ru ci fi xus e ti am pro no bis,
l4. 3. l1. l2. l3. 6 6 ?4 ?4 5 l5 6
sub Pon ti o Pi la to : pas sus & se pul-
l2 2 2. l1. 6 4. l3. 1. l2. 2. l?1. 2.
tus est. Et re sur re xit ter ti a di e
l2.l3. l4.l3. l2.1. t7 6 2 l2l3 l4l5 l6l7
se cun dum scri ptu ras. Et a scen-
l1. l6 l72.l1. 2. l2. 2. l3. 4. l3. l2.
dit in cæ lum se det ad dex te ram
?1. 2. l2. 2.l?1. 2. 2. l4.l3. l2.l1. t7
Pa tris. Et i te rum ven tu rus est
l6 t7 l1. 4 4 tl7 5 l1. 6 2. 2.
cum glo ri a ju di ca re vi vos &
?1. l2. 2. l2.l1. lt7l6 5 5 l6l5
mor tu os. Cu jus re gni non
l4l3 l2 6 2 l2 l3 4 l5 6 lt7
e rit fi nis. Et in Spi ri tum san-
l6 5 l4 1. l2. l1. l2.l3. 6 6 ?4
ctum Do mi num & vi vi fi can tem. Qui
l?4 5 5 l3 l4l2 ?1 l2 43 2 2
ex Pa tre Fi li o que pro ce dit. Qui
4 35 6 l7 1.l2.?1. 2. 3. 4. 3. 2.?1.
cum Pa tre & Fi li o, si mul ado ra-
2. l6 lt7 l6 l5 l4 1. 4 4. l1. 2. l6
tur, & con glo ri fi ca tur. Qui lo cu tus
lt7l6lt7l1 l2.l1 l2.l3.4. 4 l5 6 2 2.
est per Pro phe tas. Et
l4.l3. l2 l1. lt7l6 t7 l6 5 l4 4 4
u nam san ctam Ca tho li cam &
l1. l6 2. l3. ?1. l2.l3. l4.3. l2. 2. l2. 6
A po sto li cam Ec cle si am. Con fi-
l7 1. l1. 2. l2. ?1. 2. l6 l4 lt7 l5 6
te or u num Ba ptis ma in re mis si o-

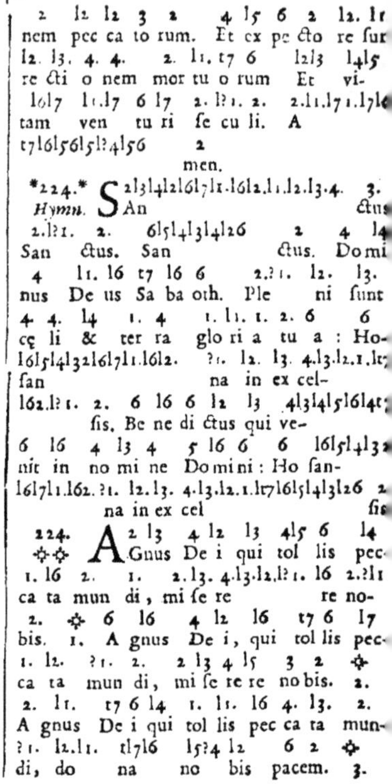

2 l2 l2 3 2 4 l5 6 2 l2. l1
nem pec ca to rum. Et ex pe cto re sur
l2. l3. 4. 4. 2. l1. t7 6 l2l3 l4l5
re cti o nem mor tu o rum Et vi-
l6l7 l1.l7 6 l7 2. l?1. 2. 2.l1.l71.l7l6
tam ven tu ri se cu li. A
t7l6l5l6l5l?4l5l6 2
men.

224. S 2l3l4l2l6l7l1.l6l2.l1.l2.l3.4. 3.
Hymn. An ctus
2.l?1. 2. 6l5l4l3l4l2l6 2 4 l4
San ctus. San ctus. Do mi
4 l1. l6 t7 l6 6 2.?1. l2. l3.
nus De us Sa ba oth. Ple ni sunt
4 4. l4 1. 4 1. l1. 1. 2. 6 6
cœ li & ter ra glo ri a tu a : Ho-
l6l5l4l3l2l6l7l1.l6l2. ?1. l2. l3. 4.l3.l2.1.lt7
san na in ex cel-
l6l2.l?1. 2. 6 l6 6 l2 l3 4l3l4l5l6l4t7
sis. Be ne di ctus qui ve-
6 l6 4 l3 4 5 l6 6 6 l6l5l4l3 2
nit in no mi ne Do mi ni : Ho san-
l6l7l1.l6l2.?1. l2.l3. 4.l3.l2.1.lt7l6l5l4l3l2l6 2
na in ex cel sis

224. A 2 l3 4 l2 l3 4l5 6 l4
✣✣ Gnus De i qui tol lis pec-
1. l6 2. 1. 2.l3. 4.l3.l2.l?1. l6 2.?l1
ca ta mun di, mi se re re no-
2. ✣ 6 l6 4 l2 l6 t7 6 l7
bis. 1. A gnus De i, qui tol lis pec-
1. l2. ?1. 2. 2 l3 4 l5 3 2 ✣
ca ta mun di, mi se re re no bis. 2.
2. l1. t7 6 l4 1. l1. l6 4. l3. 2.
A gnus De i qui tol lis pec ca ta mun-
?1. l2.l1. tl7l6 l5?4 l2 6 2 ✣
di, do na no bis pacem. 3.

HUITIEME MESSE.[a]

121. K 26 l66 4l5653 l4l562514 3
✣✣ Y ri e e le-
l2 2 ✣ 6 64l23451 4565 1.76
i son. *iij.* Christe e
?5 l6 6 ✣ 26 l66 5l4343 12343 2
le i son. *iij.* Ky ri e e-
?1 l2 2 ✣
le i son. *iij.*

6,21. E 2 l2 l6, l1 2 l3 4 l3 3
Hymn. T in ter ra pax ho mi ni bus
6 l2 5 l4 3 2 6 lt7 5l4 3 4
bo næ vo lun ta tis. Lau da mus te. Be-
l5 6 lt7 5l4 3 3 l?1 2 l3 4 l4
ne di ci mus te. A do ra mus te. Glo-
2 l?1 2 l3 4 6 l6 6 l4 l5 l6 t7 6
ri fi ca mus te. Gra ti as a gi mus ti bi
2 l2 5 3 4 l5 6 5 4 2
pro pter magnam glo ri am tu am. Do-
l2 2 1 6, 2 l3 5l4 3 6 l4 5 l6
mi ne De us Rex cæ le stis De us Pa ter

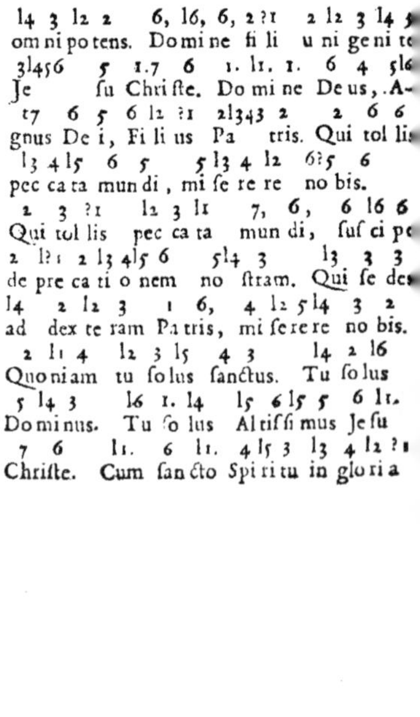

l4 3 l2 2 6, l6, 6, 2 ?1 2 l2 3 l4 5
om ni po tens. Do mi ne fi li u ni ge ni te
3l456 5 1.7 6 1. l1. 1. 6 4 5l6
Je su Chri ste. Do mi ne De us, A-
t7 6 5 6 l2 ?1 2l343 2 2 6 6
gnus De i, Fi li us Pa tris. Qui tol lis
l3 4 l5 6 5 5l3 4 l2 6?5 6
pec ca ta mun di, mi se re re no bis.
2 3 ?1 l2 3 l1 7, 6, 6 l6 6
Qui tol lis pec ca ta mun di, susci pe
2 l?1 2 l3 4l5 6 5l4 3 l3 3 3
de pre ca ti o nem no stram. Qui se des
l4 2 l2 3 1 6, 4 l2 5l4 3 2
ad dex te ram Pa tris, mi se re re no bis.
2 l1 4 l2 3 l5 4 3 l4 2 l6
Quoniam tu so lus sanctus. Tu so lus
5 l4 3 l6 1. l4 l5 6 l5 5 6 l1.
Do mi nus. Tu so lus Al tis si mus Je su
7 6 l1. 6 l1. 4 l5 3 l3 4 l2 ?1
Christe. Cum san cto Spi ri tu in glo ri a

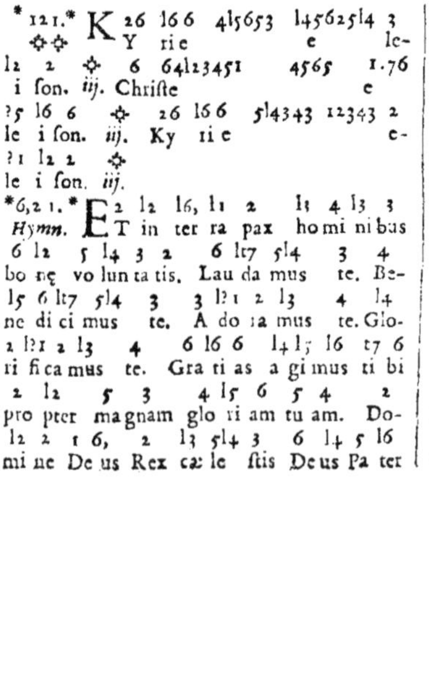

l3 4 3 6l5 4 5l4 3 6,l7,l,l2 3 2
De i Pa tris. A men.
6,2 1.* P2 6 l6, 2 l1 7, 6, 6 1.
Symb. Atrem om ni po ten tem. Fa cto-
4 t:l6 5 l1 2l3 4 l4 l4 3 l2 ?1 6,
rem cæ li & ter ræ. Vi si bi li um om-
7, 1 l2 3l4 l3 2 ?1 l2 2 6 l5 4l5 6
nium, & in vi si bi li um. Et in u num
5 l4 3 1 6, t7, 6, 6 l6 4 1.7
Dominum Jesum Chri stum, Fi li um De-
l7 l6 ?5 l6 6 6, l7, l1 l2 1 6, 2
i unige ni tum. Et ex Pa tre natum an-
3 4 l5 6 5 l4 3 6 l?4 l5 6 2
te om ni a sæ cu la. De um de De o,
5 l3 l1 2 l2 3 l3 l3 1 6, 6,
lu men de lu mine, De um ve rum, de
2 ?1 2 2l3 l4 3 l5 4 3 4
De o ve ro. Ge ni tum, non fa ctum, con-
2 3 l1 l2 l1 t7, 6, 6, l7, 1 l2 3
sub stan ti a lem Pa tri, per quem om ni a
4 l5 3 l3 6 4 l4 5 l5 6
fa cta sunt. Qui pro pter nos ho mi nes
l1 l7, 1 l2 l3 1 6, l6 4l3 2 3l2 1
& pro pter no stram sa lu tem, descen-
6,t7,6, l2 4l5 6 2 2 l?1 2 l3 4 l1
dit de cę lis. Et in car na tus est de
4 l3 l4 5 5 5 l6 1. l6 4 l5 3
Spi ri tu san cto, ex Ma ri a Vir gi ne:
34 23 14 3 l2 2
ET HO MO FACTUS EST.
C6 l6 6 6 1. l4 l5 l6 5 3 l6
Ru ci fi xus e ti am pro no bis sub
4 l4 l5 l6 t7 6 l4 l2 l1 lt7, 6, l6, 6,
Pon ti o Pi la to: passus & se pul tus est.
2 l4 l5 l6l4l6 1. 5 l5 l6 4 2 l4
Et re sur re xit ter ti a di e se-
5 l6 l4 5 4 6, 6, 2l3 4 l4 l5
cun dum scri ptu ras. Et a scen dit in
6 5 2 l5 l3 4 l5 l6 ?5 6 l6
cæ lum: se det ad dex te ram Pa tris. Et
5 l6 4 l5 6 l5 3 l3 6 l6 2 l3 l4
i te rum ven tu rus est cum glo ri a ju di-
l5 l3 4 3 l1 1 lt7, 6, 1 l2 4
ca re vi vos & mor tu os. Cu jus re-

1 4 l3 l2 ?1 2 2 l2 6 l5 6
gni non e rit fi nis. Et in Spi ri tum
5 l3 4 l3 2 l2 l5 l3 4 5 6
san ctum Do mi num, & vi vi fi can tem.
l6, l2 7, 1 2 l3 4 3 l4 2 2
Qui ex Pa tre Fi li o que pro ce dit.
l2 l2 6 l5 l6 4 l4 4 2 l2 3 l?1
Qui cum Pa tre & Fi li o si mul a do-
2 6, l6, l2 l1 l2 l3 4 4 l4 l4 2
ra tur & conglo ri fi ca tur. Qui lo cu-
l2 2 l3 l4 5 6 l6 l6 l6 6 6
tus est per Pro phe tas. Et u nam sanctam
l1. 4 l5 3 l3 l6 l4 5 l6 t7 l6 5 l4 3
Ca tho li cam & A po sto li cam Ec cle si am.
6, 2 l3 ?1 l1 l4 l5 3 2 l2 l4 l3 l1
Con fi te or u num ba ptis ma in re mis si-
2 6, l1 l2 3 3 3 l4 2 ?1 l2 l3 l4
o nem pec ca to rum. Et ex pe cto re sur re-
5 6 6 6, l6, t7, 6, l6, 2 l7, l3 ?1
ctio nem mor tu o rum. Et vi tam ven tu-
l?1 2 l3 4 14l3 2l5l4 3 2
ri sę cu li. A men.
6,2 1. S2 4l5l6 t7 6 6,1l2 3 4
Hymn. An ctus. San ctus.
2 2 6 l6 6 l3 l4 5 l4 3 6
San ctus. Do mi nus De us Sa ba oth. Ple-
l6 l4 1. 1. 1 2 6, 6, l1 l2 3 3
ni sunt cę li & ter ra glo ri a tu a:
36 4 2 5 l4 3 2 2 l2 1 4
Ho san na in ex cel sis. Be ne di ctus
l5 6 6 l6, 1 l2 3 4 l4 3 36
qui ve nit in no mi ne Do mi ni: Ho-
4 2 5 l4 3 2
san na in ex cel sis.
6,2 1. A2 l2 1 4 l3 4l5 6 5
✣✣ Gnus De i, qui tol lis
1. l6 l4 5 4 4 l6 5 l4 3 2 ✣
pec ca ta mun di, mi se re re no bis. 1. & 3.
4 l6 5 l4 3 2
do na no bis pa cem.
2 l4 2 6, l6 6 4 l5 6 lt7 6
A gnus De i, qui tol lis pec ca ta mun-
5 5 l3 4 2 6l?5 6 ✣
di, mi se re re no bis. 2.

F I N.

n'y a que 2. Parties, la Basse & le Dessus, mais les valeurs sont inégales, à peu prés comme dans la Musique, quoy qu'elles se répõdent parfaitement d'une Partie à l'autre, Note contre Note, Nombre contre Nombre; Si on ne les a pas marquées, ç'a esté faute de caracteres: & dans la Musique, il y a tant de Parties que l'on veut, (ordinairement quatre) lesquelles sont toutes fort inégales entre elles, & ne répondent, dans leurs mesures ou valeurs, qu'à l'uniformité du Battement.

** On juge assez par la disposition des Nombres, redoublez comme on les voit dans ces Exemples, combien il sera facile de remarquer les accords qui sont estimez les plus parfaits dans la Musique & dans les Concerts, ceux qui y sont tolerables, & ceux qu'on n'y doit point souffrir; & consequemment, combien il sera aisé de faire de semblables Piéces,*

FAUX-BOURDON.

5 1.3. 1. 7 1. 2. 1. 3. 2. 3. 1. 7 6 5 2. 2. 2. 7 7 6 2. 1. 7 1. 1.
3 3 1. 3 5 5 5 5 1. 6 6 5 5 3 3 6 5 4 5 5 4 5 5 5 3 3
5,1 5 1 2 3 2 3 5 4 3 3 2 1 7, 6, 7, 6, 5, 2 2 1 3 2 1 1
1,1 2 1 5, 1 7, 1 1 2 6, 1 5, 6, 3, ?4, 5, 2, 5, 5, 5, 5, 1 5, 1, 1,

Prose. Sta bat Ma ter do lo ro sa, Jux ta Crucem lachri mosa, Dũ pen de bat Fi li us.

SUP. 5. 5. 5. 5. 3. 6. 5. 5. 5. 5. 5. 5. 5. 5. 5. 5. 5. 5. 3. 6. 5. 5. 5. 3.
CONT. 1. 1. 1. 1. 1. 1. 1. 7 7 7 7 7 7 7 7 7 7 7 7 1. 1. 1. 7 7 1.
TEN. 3 3 3 3 5 4 3 2 2 2 2 2 2 2 2 2 2 2 2 3 4 3 2 2 1
BASS. 1 1 1 1 1 4, 1, 5, 5, 5, 5, 5, 5, 5, 5, 5, 5, 5, 1 4, 1, 5, 5, 1,

Psalm. Do mi ne salvũ fac Re gẽ: & ex au di nos in di e, qua in vo ca ve ri mus te.

& de plus belles, ſur toutes ſortes de ſujets, lors que l'on poſſedera bien cette Methode, & que l'on y aura reduit quelques compoſitions des plus excellens Maiſtres, ſur leſquels on doit toûjours ſe former, ne negligeant point toutefois le jugement de l'oreille, qui ne veut pas qu'on la mépriſe, Judicium aurium judicium ſuperbiſſimum, *& remarquant exactement quels ſont les accords dont ils ſe ſervent, leur effet, leur beauté, & enfin comment ils les appliquent à propos à leurs ſujets : Le premier dépend de l'Art, mais l'autre dépend du jugement, qui eſt le Maiſtre de l'Art.*

* *Verſion de* M. Godeau.

La Muſique, *dit ce grand homme*, n'eſt pas un Art qu'il faille profaner. Elle eſt plus du Ciel que de la terre, & de l'Egliſe que du monde; le monde l'a uſurpée. Tous les Arts ceſſeront un jour

CONTREPOINT.

I.
141. 4 4 4 4 4 4 4 5 4
1,44 *Idem* 4
CXXXI. MEmen to Do mi ne Da vid: &
4 4 4 4 4 4 3 4 2 1
2 2 2 t7, t7, 4, 1 4, 5, 1,
om nis man ſu e tu di nis e jus.

4 4 3 4 5 6 5 3 4 5 5
II. 4 2 1 4, 1, 4, 5, 6, 2 1 t7,
℣. Si in tro i e ro in ta ber na cu-
1 4 6 !5 4 4 5 6 t7 1.
6, 4, 4, 1, 4, 4, 1, 4, 5, 6,
lum do mus me æ : ſi a ſcen de ro
6 t7 5 6 6 !5 4
2 5, 1 2 4 1 4,
in le ctum ſtra ti me i.

4 !5 4 4 1 4 3 4 5 6
III. 4, 1 4, 4, 4, 2, 1, 4, 3, 2,
℣. Et re qui em tem po ri bus me is,
5 6 1. 4 3 4 5 3 !2 1 1
5, 4, 3, 2, 1, 4, 1 1 5, 1, 1,
do nec in ve ni am lo cum Do mi no:
1. 6 t7 t7 5 6 6 !5 4
1 2 t7, t7, 1 4, 1, 4, 4,
ta ber na cu lum De o Ja cob.

4 1 4 3 4 5 6 1. 4 5 6
IV. 4 3 2 1 4, 1 4 3 2 2 6,
℣. In tro i bi mus in ta ber na culum
!5 4 4 5 6 4 !3 4 !3 2 2 4
1 4, 4, 1, 4, 2, 6, 2 6, 2, 5, 2
e jus : a do ra bi mus in lo co u bi
4 5 6 5 3 !4 3
2 1 4, 5, 1 5, 1,
ſte te runt pe des e jus.

4 3 4 5 6 5 6 1. 4 5
V. 4 1 2 1 4, 1 6, 6, t7, 5,
℣. Sa cer do tes tu i in du an tur
3 !2 1 1 1 2 3 4 5 6 !5 4
1 5, 1, 1, 1 5, 1 2 3 4 1 !4,
ju ſti ti am : & ſan cti tu i e xultent.

4 4 5 6 5 6 t7 1. 4 5
VI. 4 2 1 4 3 2 2 1 t7, 5,
℣. Ju ra vit Do mi nus Da vid ve ri-
!6 5 5 6 3 4 4 3 !2 1 1
2 5, 1 4, 6, 2, 2, 3, 5, 1, 4,
ta tem, & non fruſtra bi tur eam : de
4 3 3 4 !2 1 1. 6 t7 5 6
2, 6, 1 4, 5, 6, 6, 2 5, 1 4,
fru ctu ven tris tu i po nam ſu per ſe-
6 !5 4
4, 1, 4,
dem tu am.

4 4 3 4 5 !6 5 1. 4 6 !5
VII. 4 2 6, 2 1 4, 1 6, t7, 4, 1
℣. Et fi li j e o rum uſ que in ſę-
4 4 1 4 3 5 6 4 3 !2 1
4, 4, 6, 2, 6, 5, 4, t7, 1 5, 1
cu lum : ſe de bunt ſu per ſe dem tuam.

4 6 5 3 4 5 1 4 5
VIII. 4, 4, 5, 6, 6, 5, 4, 4, 1
℣. Hęc re qui es me a in ſę cu-
3 !2 1 1 1 4 5 6 5 6
1 5, 1, 1, 1 2 3 4 3 2
lum ſę cu li : hic ha bi ta bo, quo-
t7 1. 4 t7 6 !5 4
2 1 t7, 5, 4, 1 4,
ni am e le gi e am.

4 3 !2 1 4 5 6 t7 1.
IX. 4, 1, 5, 6, 4, 1 4 4 3
℣. Sa cer do tes e jus in du am
4 6 !5 4 4 5 6 4 3 2 1 4
2 4 1 4, 4 3 4 2 1 5, 6, 4,
ſa lu ta ri : & ſan cti e jus e xul ta-
3 4 5 6 1. !7 1.
1 2 1 6, 6, 5, 1,
ti o ne e xul ta bunt

4 4 5 6 t7 6 5 6 !4 2
X. 4, t7, t7, 6, 5, 4, 1 1 2 t7,
℣. I ni mi cos e jus in du am con-
5 4 !3 2 1 4 3 4 6 5
5, 2 6, 2, 6, 4, 1 2 4 1
fu ſi o ne : ſu per ip ſum au tem
1. 1. t7 6 5 6 2 4 5 6 !5 4
6, 6, 5, 2, 5, 4, 5, 2, 3, 4, 1, 4,
ef flo re bit ſan cti fi ca ti o me a.

4 5 6 5 1. 6 t7 6 5
XI. 4 3 4 1 6, 2 5, 1 1
℣. Si cut e rat in prin ci pi o
6 2 4 !5 4 4 4 4 4 4
6, t7, 2 1 4, t7, t7, t7, t7, t7,
& nunc & ſem per : & in ſæ cu la
4 4 3 4 !2 1
t7, t7, 1 4, 5, 1,
ſę cu lo rum. A men.

PSEAUMES.

324. 2. 2. 6 !5 3 4 5
5,2 2. 2 2 4 3 ?1 2 t7,
I. HEureux qui n'ouvre point ſon
6 1. 6 3. ?1. 2. ?1. 2.
6, 6 6 ?5 6 2 6, 4
cœur Au con ſeil des mé chans, pour
3. 4 !3. 6 7 6 1. 2. t7
3 2 6 4 3 6, 6, t7, 5,
des deſ ſeins tra gi ques, Qui ne s'ar-
!6 5 5 1. 6 2. !7 1. 2.
2 7, 1 3 4 2 5 3 2
re ſte point dans leurs ſen tiers i ni-

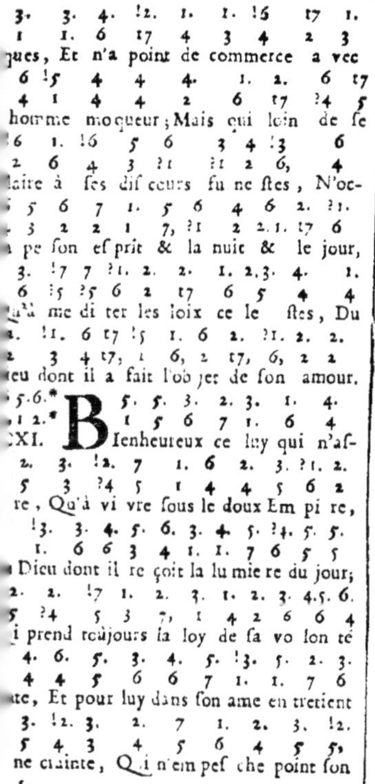

3. 3. 4. !2. 1. 1. !6 t7 1.
1 1. 6 t7 4 3 4 2 3
ues, Et n'a point de commerce a vec
6 !5 4 4 4. 1. 2. 6 t7
4 1 4 4 2 6 t7 ?4 5
homme moqueur; Mais qui loin de se
!6 1. !6 5 6 3 4 !3 6
2 6 4 3 ?1 ?1 2 6, 4
laire à ses dis cours fu ne stes, N'oc-
5 6 7 1. 5 6 4 6 2. ?1.
3 2 2 1 7, ?1 2 2.1. t7 6
pe son es prit & la nuit & le jour,
3. !7 7 ?1. 2. 2. 1. 2.3. 4. 1.
6 !5 ?5 6 2 t7 6 5 4 4
qu'à me di ter les loix ce le stes, Du
2. !1. 6 t7 !5 1. 6 2. ?1. 2. 2.
2 3 4 t7, 1 6, 2 t7, 6, 2 2
ieu dont il a fait l'ob jet de son amour.
5.6.*
1 2.*
XXI. **B**Ienheureux ce luy qui n'as-
5. 5. 3. 2. 3. 1. 4.
1 5 6 7 1. 6 4
2. 3. !2. 7 1. 6 2. 3. ?1. 2.
5 3 ?4 5 1 4 4 5 6 2
re, Qu'à vi vre sous le doux Em pi re,
!3. 3. 4. 5. 6. 3. 4. 5. ?4. 5. 5.
1. 6 6 3 4 1. 1. 7 6 5 5
Dieu dont il re çoit la lu mie re du jour;
2. 2. !7 1. 2. 3. 1. 2. 3. 4.5. 6.
5 ?4 5 3 7, 1 4 2 6 6 4
i prend toûjours la loy de sa vo lon té
4. 6. 5. 3. 4. 5. !3. 5. 2. 3.
4 4 5 6 6 7 1. 1. 7 6
te, Et pour luy dans son ame en tretient
3. !2. 3. 2. 7 1. 2. 3. !2.
5 4 3 4 5 6 4 5 5,
ne crainte, Qui n'em pes che point son
1.
1
our.

DESSUS SEUL.

3.*
I. **P**Ourquoy tant de peuples re-
5 5 1. 2. !7 2. 5
7 1. 6 2. 3. 2. !7 1. 2.
les? Sont ils de fu reur si troublez?
5 6 !5 3 4 5 6
ù vient qu'ils se sont as sem blez?
5 6 7 1. 5 6 ?4 5
els sont leurs com plots in fi del les?
!7 5 6 4 !3 6 6 t7 !5
tes, c'est vai nement qu'vn tra gi que
4 6 1. !7 5 1. !7 1. 1.
ein, Con tre moy rou le dans leur sein.
5.*
V. **Q**Uand l'esprit ac ca blé sous le
2. ?1. 2. 6 t7 6 5 6
34 4 3 3. 3. 4. 6 7
des douleurs, Par mes cris, mes soû-
4 ?4 ?4 56t7 t7 6 6 2.
mes plain tes & mes pleurs, J'im plo-
2. 3. 4. 4 5. 3. 4. 4. 5. 4.
du Seigneur l'invin cible as sistan ce;

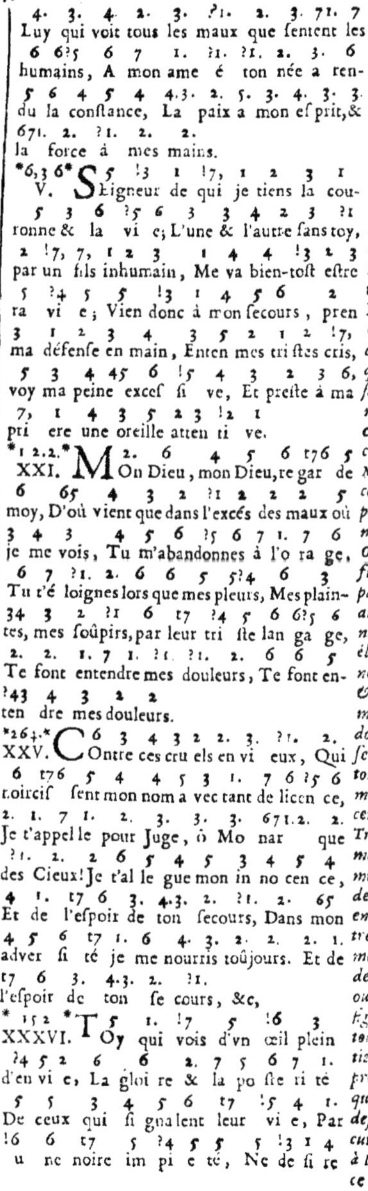

4. 3. 4 2. 3. ?1. 2. 3. 71. 7
Luy qui voit tous les maux que sentent les
6 6?5 6 7 1. ?1. ?1. 2. 3. 6
humains, A mon ame é ton née a ren-
5 6 4 5 4 4.3. 2. 5. 3. 4. 3. 3.
du la constance, La paix a mon es prit, &
671. 2. ?1. 2. 2.
la force à mes mains.
6,3 6
V. **S**Eigneur de qui je tiens la cou-
5 !3 1 !7, 1 2 3 1
5 3 6 ?5 6 3 3 4 2 3 ?1
ronne & la vi e; L'une & l'autre sans toy,
2 !7, 7, 1 2 3 1 4 4 !3 2 3
par un fils inhumain, Me va bien-tost estre
5 ?4 5 5 !3 1 4 5 6 2
ra vi e; Vien donc à mon secours, pren
3 1 2 3 4 3 5 2 1 2 !7,
ma défense en main, Enten mes tri stes cris,
5 3 4 45 6 !5 4 3 2 3 6,
voy ma peine exces si ve, Et preste à ma
7, 1 4 3 5 2 3 !2 1
pri ere une oreille atten ti ve.
1 2.2.
XXI. **M**On Dieu, mon Dieu, re gar de
2. 6 4 5 6 t76 5
6 65 4 3 2 ?1 2 2 2 5
moy, D'où vient que dans l'excés des maux où
3 4 3 4 5 6 ?5 6 7 1. 7 6
je me vois, Tu m'abandonnes à l'o ra ge,
6 7 ?1. 2. 6 6 5 5?4 6 3
Tu t'é loignes lors que mes pleurs, Mes plain-
34 3 2 ?1 6 t7 ?4 5 6 6?5 6
tes, mes soûpirs, par leur tri ste lan ga ge,
2. 2. 1. 7 1. ?1. ?1. 2. 6 6 5
Te font entendre mes douleurs, Te font en-
?43 4 3 2 2
ten dre mes douleurs.
264.
XXV. **C**Ontre ces cru els en vi eux, Qui
6 3 4 3 2 2. 3. ?1. 2.
6 t76 5 4 4 5 3 1. 7 6 ?5 6
noircis sent mon nom a vec tant de licen ce,
2. 1. 7 1. 2. 3. 3. 3. 671.2. 2.
Je t'appel le pour Juge, ô Mo nar que
?1. 2. 2 6 5 4 5 3 4 5 4
des Cieux! Je t'al le gue mon in no cen ce,
4 1. t7 6 3. 4.3. 2. ?1. 2. 65
Et de l'espoir de ton secours, Dans mon
4 5 6 t7 1. 6 4. 3. 2. 2. 2. 1.
adver si té je me nourris toûjours. Et de
t7 6 3. 4.3. 2. ?1.
l'espoir de ton se cours, &c.
* 152 *
XXXVI. **T**Oy qui vois d'vn œil plein
5 1. !7 5 !6 3
?4 5 2 6 6 2. 7 5 6 7 1.
d'en vi e, La gloi re & la po ste ri té
5 5 3 4 5 6 t7 !5 4 1.
De ceux qui si gnalent leur vi e, Par
!6 6 t7 5 ?4 5 5 5 !3 1 4
u ne noire im pi e té, Ne de si re

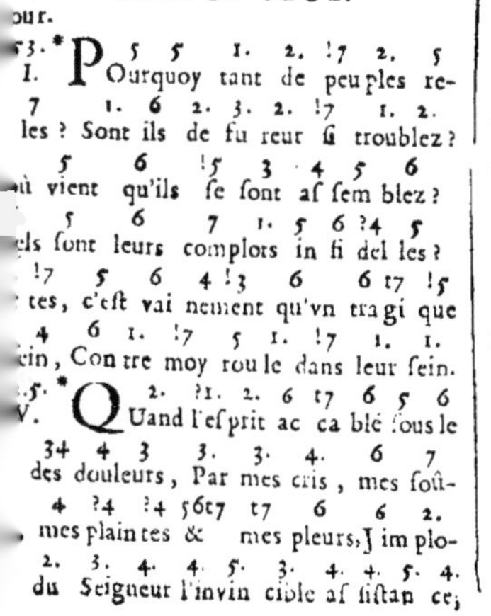

icy bas, mais la Musique cōtinuera dans le Ciel; & si c'est parmy nous un des Arts liberaux, c'est dans le sejour de la gloire, un Art Angelique, un hommage de l'Eternel, l'occupation des Saints, & le triomphe des Bienheureux. *C'est aussi dans cette pensée qu'il y a eu plusieurs personnes tres-judicieuses qui ont crû, que cette Methode receuë, on ne pourroit commencer par un Ouvrage qui fust plus utile, particulierement aux Communautez où l'on éleve la Jeunesse à la pieté, & aux bonnes mœurs, qu'en donnant en un seul volume, tous les Pseaumes entiers, de cette mesme Traduction; & mettant la premiere Stance de chacun ou en simple Contre-point, comme sont ces deux premiers, ou en Musique figurée, avec toutes les Parties: Ce sera la premiere chose qu'on a aussi dessein d'executer, s'il plaist à Dieu de benir ce travail. Il n'y a point en effet de Chant, comme on a mõtré ailleurs, qui fust plus édifiant, ny qui dust estre plus frequent dans la bouche des Catholiques que celuy-là.* Cibus in ore, *dit S. Bernard*, Psalmus in corde sapit. Tantùm illum terere non negligat fidelis & prudens anima quibusdã dentibus intelligentiæ suæ: ne si forte integrũ glutiat & non mansum, frustretur palatum sapore desiderabili & dulciori super mel & favum.

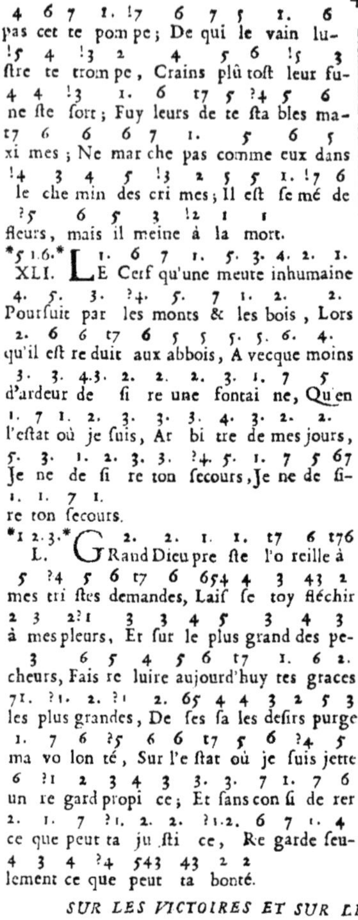

4 6 7 1. !7 6 7 5 1. 6
pas cet te pom pe; De qui le vain lu-
!5 4 !3 2 4 5 6 !5 3
stre te trom pe, Crains plû tost leur fu-
4 4 !3 1. 6 t7 5 ?4 5 6
ne ste sort; Fuy leurs de te sta bles ma-
t7 6 6 6 7 1. 5 6 5
xi mes; Ne mar che pas comme eux dans
!4 3 4 5 !3 2 5 5 1. !7 6
le che min des cri mes; Il est se mé de
?5 6 5 3 !2 1 1
fleurs, mais il meine à la mort.

5 1.6. L 1. 6 7 1. 5. 3. 4. 2. 1.
XLI. LE Cerf qu'une meute inhumaine
4. 5. 3. ?4. 5. 7 1. 2. 2.
Poursuit par les monts & les bois, Lors
2. 6 6 t7 6 5 5 5. 5. 6. 4.
qu'il est re duit aux abbois, A vecque moins
3. 3. 4.3. 2. 2. 2. 3. 1. 7 5
d'ardeur de si re une fontai ne, Qu'en
1. 7 1. 2. 3. 3. 3. 4. 3. 2. 2.
l'estat où je suis, Ar bi tre de mes jours,
5. 3. 1. 2. 3. 3. ?4. 5. 1. 7 5 67
Je ne de si re ton secours, Je ne de si-
1. 1. 7 1.
re ton secours.

1 2.3. G 2. 2. 1. 1. t7 6 t76
L. GRand Dieu pre ste l'o reille à
5 ?4 5 6 t7 6 654 4 3 43 2
mes tri stes demandes, Lais se toy fléchir
2 3 2?1 3 3 4 5 3 4 3
à mes pleurs, Et sur le plus grand des pe-
3 6 5 4 5 6 t7 1. 6 2.
cheurs, Fais re luire aujourd'huy tes graces
71. ?1. 2. ?1 2. 65 4 4 3 2 5 3
les plus grandes, De ses sa les desirs purge
1. 7 6 ?5 6 6 t7 5 6 ?4 5
ma vo lon té, Sur l'e stat où je suis jette
6 ?1 2 3 4 3 3. 3. 7 1. 7 6
un re gard propi ce; Et sans con si de rer
2. 1. 7 ?1. 2. 2. ?1.2. 6 7 1. 4
ce que peut ta ju sti ce, Re garde seu-
4 3 4 ?4 543 43 2 2
lement ce que peut ta bonté.

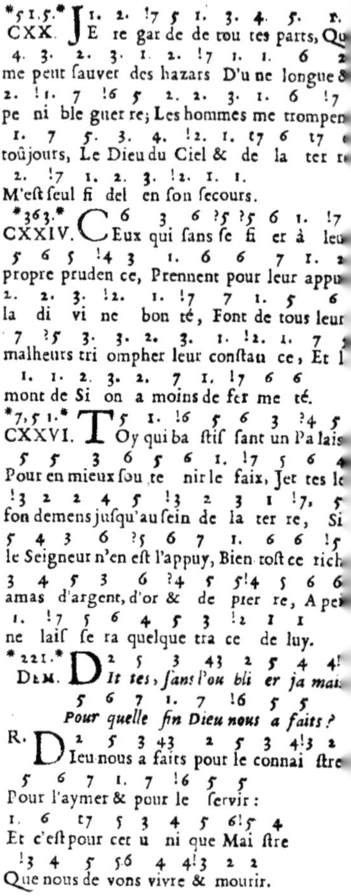

a *Air devot & nouveau, d'un Catechisme, où les principales veritez de la Foy & de la Morale Chrétienne, sont expliquées par Cantiques; & qui a esté imprimé par l'ordre d'un tres-pieux & tres-digne Prelat.* M. de Chaalons.

5 1.5. J 1. 2. !7 5 1. 3. 4. 5. 1.
CXX. JE re gar de de tou tes parts, Qu
4. 3. 2. 3. 1. 2. !7 1. 1. 6 2
me peut sauver des hazars D'u ne longue &
2. !1. 7 !6 5 2. 2. 3. 1. 6 !7
pe ni ble guer re; Les hommes me trompen
1. 7 5. 3. 4. !2. 1. t7 6 t7
toûjours, Le Dieu du Ciel & de la ter r
2. !7 1. 2. 3. !2. 1. 1.
M'est seul fi del en son secours.

363. C 6 3 6 ?5 ?5 6 1. !7
CXXIV. CEux qui sans se fi er à leu
5 6 5 !4 3 1. 6 6 7 1. 2
propre pruden ce, Prennent pour leur appu
2. 2. 3. !2. 1. !7 7 1. 5 6
la di vi ne bon té, Font de tous leur
7 ?5 3. 3. 2. 3. 1. !2. 1. 7
malheurs tri ompher leur constan ce, Et l
1. 1. 2. 3. 2. 7 1. !7 6 6
mont de Si on a moins de fer me té.

7,5 1. T 5 1. !6 5 6 3 ?4 5
CXXVI. TOy qui ba stis sant un Pa lais
5 5 3 6 5 6 1. !7 5 6 4
Pour en mieux sou te nir le faix, Jet tes le
!3 2 2 4 5 !3 2 3 1 !7, 5
fon demens jusqu'au sein de la ter re, Si
5 4 3 6 ?5 6 7 1. 6 6 !5
le Seigneur n'en est l'appuy, Bien tost ce rich
3 4 5 3 6 ?4 5 5!4 5 6 6
amas d'argent, d'or & de pier re, A pei
1. !7 5 6 4 5 3 !2 1 1
ne lais se ra quelque tra ce de luy.

221. D 2 5 3 43 2 5 4 4!
DEM. D*It tes, sans l'ou bli er ja mai*
5 6 7 1. 7 !6 5 5
Pour quelle fin Dieu nous a faits?
R. D 2 5 3 43 2 5 3 4!3 2
DIeu nous a faits pour le connai stre
5 6 7 1. 7 !6 5 5
Pour l'aymer & pour le servir:
1. 6 t7 5 3 4 5 6!5 4
Et c'est pour cet u ni que Mai stre
!3 4 5 56 4 4!3 2 2
Que nous de vons vivre & mourir.

SUR LES VICTOIRES ET SUR LES HEROIQUES VERTUS DU ROY.

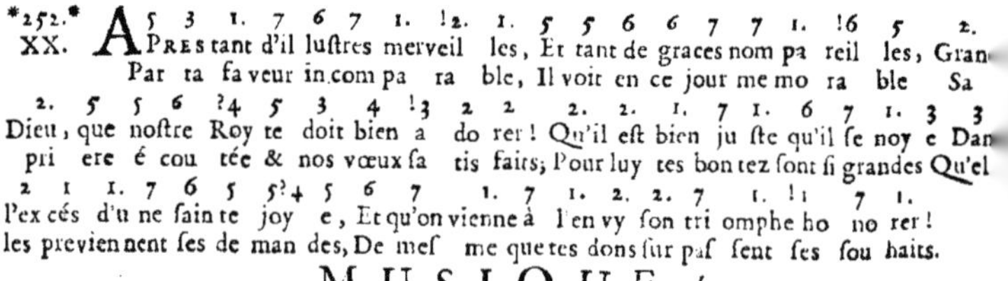

252. A 5 3 1. 7 6 7 1. !2. 1. 5 5 6 6 7 7 1. !6 5 2.
XX. APRES tant d'il lustres merveil les, Et tant de graces nom pa reil les, Gran
Par ta fa veur in com pa ra ble, Il voit en ce jour me mo ra ble Sa
2. 5 5 6 ?4 5 3 4 !3 2 2 2. 2. 1. 7 1. 6 7 1. 3 3
Dieu, que nostre Roy te doit bien a do rer! Qu'il est bien ju ste qu'il se noy e Dan
pri ere é cou tée & nos vœux sa tis faits; Pour luy tes bontez sont si grandes Qu'el
2 1 1. 7 6 5 5?4 5 6 7 1. 7 1. 2. 2. 7 1. !1 7 1.
l'ex cés d'u ne sain te joy e, Et qu'on vienne à l'en vy son tri omphe ho no rer!
les previen nent ses de man des, De mes me que tes dons sur pas sent ses sou haits.

MUSIQUE. b

* * * *V A C A T.* * * *

Voi y seulement une idée grossiere de ses Mesures, comme on a dessein de les marquer.

Vīvĕ, vălē; sī quid nŏvistī rēctius istī,
Cāndĭdŭs impērtī: sī nōn, his ūtĕrĕ mēcum.

b *On a jugé à propos de n'y pas toucher, qu'on n'eust des caracteres propres.*

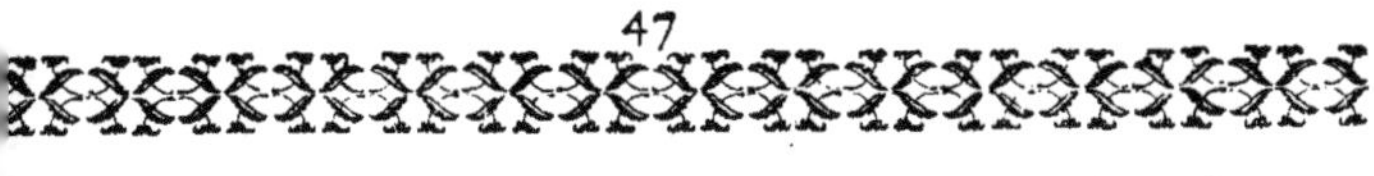

›E LA MANIERE OU METHODE DE CHANTER.

APrés avoir donné PEV DE PRECEPTES ET BEAVCOVP D'E-XEMPLES de Chant, il ne reſte plus pour mettre fin à ‹ Eſſay, que de donner une idée facile de la maniere de chan- r. La voicy en quatre paroles, afin qu'on ne l'oublie pas: IL ›UT CHANTER COMME L'ON MARCHE, ou pour eux dire, comme l'on doit marcher. Cette propoſition paſſera ur un paradoxe dans l'eſprit de pluſieurs; mais qu'elle en ſoit ou qu'elle ne le ſoit pas, l'on a crû qu'on devoit s'en ſervir n de frapper plus vivement, & de ſe rendre plus intelligible: dans le fond, il ſeroit peut-eſtre difficile de pouvoir mieux ›reſenter quel doit eſtre le port & la conduite de la Voix, que : le port & par la conduite du corps, qui ne paroiſſent jamais ›antage que dans l'action de marcher. Ces deux choſes ont effet, leurs laideurs & leurs beautez communes: On mar- ᵉ d'une maniere agreable, avec gravité, avec majeſté, avec n-ſeance & modeſtie, on chante de meſme; On marche d'une ‹niere indecente, bruſquement, lourdement, negligemment l'étourdy, on chante encore de meſme; ſi bien qu'il ſe uve un parfait rapport entre les perfections & les défauts de voix, & les perfections & les défauts du marcher, entre les : & les Sons, & partant il eſt viſible que l'un peut bien eſtre regle de l'autre.

On n'eſt pas d'une profeſſion à devoir marquer cela exacte- nt, ny en détail; on l'apprendra mieux de ceux qui ſçavent & enſeignent la politeſſe, l'air du beau monde, la maniere de ‹re parmy les Grands, le ſecret de plaire, &c. mais on peut ᵉ en general; Que ſi l'on marche d'un pas & d'un air affeté ne marche pas bien: Toute affeterie dans quoy que ce puiſſe ‹e, & dans quelque ſujet qu'elle ſe rencontre, eſt une qua- : tres-vicieuſe, & outre qu'elle marque une grande foibleſſe jugement, elle eſt encore l'indice d'vn eſprit qui ne preſume peu de ſoy-meſme; en un mot, elle eſt digne du mépris & la riſée qu'elle s'attire. Si l'on marche trop gravement, & nme en contant ſes pas, ou au contraire, ſi l'on marche avec p de precipitation & de viteſſe, on ne marche pas bien: Si ı eſt inégal ou dereglé dans ſon marcher, qu'on aille tantoſt

* *Cecy s'adreſſe particulierement aux Jeunes, qui doivent regler non ſeulement leur voix, mais encore toutes leurs actions, par la modeſtie & par la pudeur,* Quæ cũ ſit omnibus ætatibus, perſonis, temporibus & locis apta, tamen adoleſcentes juveniléſque annos maxime decet. *S. Amb. de qui ſont ces paroles, leur en fait une belle leçon au 1 livre de ſes offices, dont voicy quelques Fragmens, qui confirment ce que l'on a étably dans ce Diſcours, & qui peuvent eſtre utiles à ceux qui voudront en profiter. Il dit,* Ipſum vocis ſonũ libret modeſtia. Denique in ipſo canendi genere, prima diſciplina verecundia eſt, immò etiam in omni uſu loquendi; ut ſenſim quis aut pſallere, aut canere, aut poſtremò loqui incipiat, ut verecunda principia commendent proceſſũ. Vox ipſa non remiſſa, non fracta, nihil fœmineum ſo-

lentement & tantoſt viſte; ſi l'on va d'une maniere ruſtique, traiſ nant ſes pas, s'agittant indecemment, ou tenant quelque autr poſture deſagreable & difforme; ſi enfin l'on eſt ſujet à broncher ou qu'on ſe laiſſe tomber à chaque pas que l'on fait, on marche mal Ceux qui forment la Jeuneſſe & qui font leçon de civilité diſent; Que pour bien marcher, il faut eſtre moderé dans ſe pas, & garder une parfaite honeſteté & bienſeance dans tou le maintien du corps; Qu'on doit tenir la teſte & le corps droits avoir les yeux modeſtement abaiſſez, & tout l'exterieur bie composé : Que les pas ne doivent eſtre ny trop precipitez n trop lents, ny languiſſans ny effeminez, ny étudiez ny con traints, mais naturels & ſoûtenus, maſles, libres, dégagez, ſan art, ou au moins ſans qu'il paroiſſe qu'il y en ait, (car le gran ſecret de l'Art eſt de ſçavoir bien cacher l'Art) & enfin accom pagnez d'un certain air noble & majeſtueux, qui ne marque pa neanmoins de mépris, mais qui témoigne ou une heureuſe nai ſance ou une plus heureuſe éducation. Pour bien chanter, faut ſe comporter de meſme; cela ne ſera pas difficile à ceu qui ont receu de la nature l'inflexion de la voix & la docilit d'eſprit : les autres à qui Elle n'a pas eſté ſi liberale, y pour ront trouver quelque difficulté, mais qui ne doit pas les rebu ter, car on vient à bout de tout avec le temps & la patience.

Si l'on chante en Chœur, il faut faire ce que fait une armée ou ce que font des eſcadrons qui marchent en ordre de ba taille, *ut caſtrorum acies ordinata*. Aucun Capitaine ny Soldat n quitte ſes rangs, on ne voit pas un pied qui paſſe l'autre, tou avancent, tous font alte en meſme tems; s'il faut poſer bas l armes, s'il les faut reprendre, &c. tout cela ſe fait par des action ſi uniformes & par des mouvemens ſi juſtes & ſi bien reglez qu'il eſt fort aiſé de juger, que tous ſont ſoûmis à un meſm Chef, & ſuivent le meſme commandement. Ainſi, & à plus for raiſon, dans l'Egliſe, on doit faire voir par une pieuſe émul tion, & par une conduite édifiante & toute ſainte, que l'on y ſe un meſme Dieu, & qu'on eſt animé d'un meſme eſprit, *una fides mentium & pietas actionum.*

Si l'on chante Muſique, & qu'on chante ſeul, l'on peut imit une perſonne qui marche en cadence, ou qui danſe au ſon d'u Inſtrument. Elle ne fait preſque point deux pas de ſuite qui reſſemblent, tous ſont inégaux; les uns ſont viſtes & legers, l autres lents & graves, les uns plus animez, les autres plus tra quilles, ſuivant la viteſſe, la gravité, & la chûte des Sons : neanmoins tous ſont ſi bien proportionnez & ſi bien compaſſe tous ſont faits ſi à propos & de ſi belle grace, que les yeux ſo charmé

nans, qualem multi gravitatis ſpecie ſimulare conſuerunt, ſed formam quandam & regulam ac ſuccum virilem reſervans. Sed ut molliculum & infractum aut vocis ſonum, aut geſtum corporis non probo, ita neque agreſtẽ ac ruſticum. Naturam imitemur. *De plus,*

Eſt etiam in ipſo motu, geſtu, inceſſu, tenenda verecundia. Habitus enim mentis, in corporis ſtatu cernitur. Hinc, &c.

Et S. Cyprien au Traité, De oratione Dominica.

Sit autem orantibus ſermo & precatio cum diſciplina, quietem continens & pudorem. Cogitemus nos ſub conſpectu Dei ſtare : placendum eſt divinis oculis & habitu corporis, & modo vocis : Nam ut impudentis eſt clamoribus ſtrepere, ita contra congruit verecundo modeſtis precibus orare.

Voyez auſſi S. Bernard, qui parle de cette vertu admirablement dans ſo 186. & dernier Ser. ſur les Cantiques.

:harmez de voir la justesse & la proportion de ces pas, comme e sont les oreilles d'entendre le chant & les roulades d'une belle oix.

Si l'on chante en partie, c'est presque la mesme chose, ex- :epté qu'on doit estre bien plus exact, & qu'il n'y a pas tant de iberté à prendre. Il faut faire ce que font ceux qui dansent dans es ballets, regler sa voix comme ils reglent leurs pas, estre atten- if à la mesure comme ils le font à la cadence & aux Sons, prester 'oreille à toutes les voix, & sur tout estre de bonne intelligence ivec la sienne : de mesme que ceux-là s'étudient principalement bien regler tous leurs pas, & ne laissent point cependant le jetter de moment à autre, les yeux sur les pas de ceux qui lansent avec eux, afin de s'y conformer ; Et tout cela dans le lessein de plaire aux yeux des spectateurs. On doit encore faire a mesme chose dans l'Eglise, mais avec des sentimens d'autant lus relevez & plus purs, que les yeux qui nous regardent sont nfiniment plus dignes & plus aimables ; *Dum canticis spiritualibus acra tecta resultant*, dit le devot P. saint Bernard, *nil supernis ivibus magis spectare libet, nil Regi summo jucundius exhibetur.* Et n effet, ce seroit convertir la medecine & la nourriture en poi- on, manquer criminellement de respect, & profaner la sainteté lu lieu, que d'y chanter pour plaire au monde ; * on ne doit por- er ses pensées qu'à y plaire uniquement à Dieu, *ibi fixa sint orda, ubi vera sunt gaudia.*

Mais l'on s'est engagé insensiblement en une comparaison, qu'on blasmeroit dans les autres : car *quelle union peut-il y avoir ntre* JESUS CHRIST *& Belial? quelle societé entre le Temple de Dieu & des idoles?* & quel rapport entre ce qui se chante dans 'Eglise, & ce qui se passe sur les Theatres? Laissons donc cette imilitude monstrueuse & profane, & ne prenons pour guide lans tout ce qui concerne l'Eglise, que les Peres mesmes de l'E- glise. Entre une infinité d'autres avantages, ils ont celuy-cy, qu'ils n'enseignent jamais à composer l'homme exterieur, qu'ils n'apprennent en mesme tems, comment l'on doit former l'homme nterieur. Hé! que seroit l'un sans l'autre? sinon un corps sans me, ou pour se servir des paroles de l'Evangile, *un sepulchre lanchy, qui au dehors paroist beau, mais qui au dedans est plein d'os- emens de morts, & de toute sorte de pourriture?* Pour trouver ce guide fidelle que nous cherchons, il n'est pas besoin de remonter u delà du douziéme siecle. S. Bernard qui en a esté la lumiere & l'ornement, & qui le sera toûjours de l'Eglise, nous a laissé, ntre autres monumens, deux excellens modeles du portrait que nous desirons tirer, il ne faut que les suivre.

* *Il y a encore un autre defaut qui se peut rencontrer dans le Chant de l'Eglise, lequel defaut est d'autãt plus dangereux que l'on s'en apperçoit moins & que l'on ne croit pas en estre coupable; c'est que plusieurs s'attachent davantage à la beauté & à la douceur de l'harmonie, qu'ils ne font au sens & & à l'onction des paroles, plus à la chair qu'à l'esprit, à la terre qu'au ciel.* S. Augustin au 10. l. de ses Conf. c. 33. *aprés avoir reconnû que la coûtume de chanter a esté saintement établie dans l'Eglise,* Magnam instituti hujus utilitatem rursus agnosco, *& qu'on doit l'y conserver, afin que par le plaisir qui touche l'oreille, l'esprit encore foible s'éleve dans les sentimens de la pieté :* ut per oblectamenta aurium, infirmior animus in affectum pietatis assurgat. *s'accuse à Dieu d'estre quelquefois tõbé dans ce defaut :* Tamen cum mihi accidit, ut me am-

Le premier eſt au 47. Sermon ſur les Cantiques ; qu'il finit par ces belles paroles, qu'on donnera icy dans la pureté de leur ſource , afin qu'elles ne perdent rien de leur grace ny de leur force ; ceux qui ne les entendent pas pourront ſe les faire expliquer. *Et hæc dicta ſint* (dit ce ſaint Docteur) *pro eo quod ſponſus ſe florem campi , & lilium eſſe convallium proteſtatus eſt. Iam etiam quid de ſua conſequenter chariſſima proteſtetur, bonum eſſet audire, ſed hora non patitur : Ex Regula namque noſtra , nihil OPERI DEI præponere licet. Quo quidem nomine, laudum ſolemnia , quæ Deo in Oratorio quotidie perſolvuntur, Pater Benedictus ideò voluit appellare, ut ex hoc clariùs aperiret, quàm nos OPERI ILLI vellet eſſe intentos. Vnde vos moneo , dilectiſſimi , purè ſemper ac ſtrenuè divinis intereſſe laudibus.* Strenuè *quidem, ut ſicut reverenter , ita & alacriter Domino aſſiſtatis. Non pigri , non ſomnolenti , non oſcitantes, non parcentes vocibus, non præcidentes verba dimidia , non integra tranſilientes, non fractis & remiſſis vocibus muliebre quiddam balba de nare ſonantes , ſed virili (ut dignum eſt) & ſonitu & affectu, voces ſancti Spiritus depromentes.* Purè *verò, ut nihil aliud dum pſallitis quàm quod pſallitis cogitetis. Nec ſolas dico vitandas cogitationes vanas & otioſas ; vitandæ ſunt & illæ, illà duntaxat horà , & illo loco, quas Officiales Fratres pro communi neceſſitate quaſi neceſſariò frequenter admittere compelluntur. Sed ne illa quidem profectò recipere tunc conſuluerim quæ fortè paulò antè in clauſtro ſedentes in codicibus legeratis, qualia & nunc me vivâ voce differente, ex hoc auditorio Spiritus ſancti recentia reportatis. Salubria ſunt , ſed minimè illa ſalubriter inter pſallendum revolvitis; Spiritus enim ſanctus illà horâ gratum non recipit, quicquid aliud quàm debes, neglecto eo quod debes, obtuleris.*

Le ſecond eſt dans la 312. de ſes Epiſtres, où il dit, avec un poids & une éloquence pareille ; *Cantus ipſe ſi fuerit , plenus ſit gravitate , nec laſciviam reſonet , nec ruſticitatem. Sic ſuavis , ut non ſit levis: Sic mulceat aures, ut moveat corda. Triſtitiam levet ; iram mitiget ; ſenſum litteræ non evacuet, ſed fœcundet. Non eſt levis jactura gratiæ ſpiritualis , levitate cantus abduci à ſenſuum utilitate ; & plus ſinuandis intendere vocibus, quàm inſinuandis rebus. En qualia oportet eſſe quæ in audientiam Eccleſiæ veniunt,* [*qualemve horum auctorem.*] Ces dernieres paroles nous donnent lieu de reprendre cette Lettre dés ſon commencement , & d'en rapporter les propres termes, qui peuvent ſervir d'une excellente regle , à pluſieurs Communautez Eccleſiaſtiques & Religieuſes , pour ce qui regarde leurs Offices nouveaux & particuliers ; & qui doivent en meſme tems faire rougir certains preſomptueux, qui ſe perſuadant fauſſement, qu'il eſt de l'Office de l'Egliſe comme d'une amplification de Claſſe, de ſes Hymnes & de ſes Cantiques , comme d'un

plius cantus, quam res quæ canitur , moveat, pœnaliter me peccare confiteor : & tunc mallem non audire cantantem.

S. Cyprien au lieu cy-deſſus allegué , reprend ce meſme abus, ou un autre encore plus criminel , avec beaucoup de ſeverité: Quando in unum cum fratribus convenimus, & ſacrificia divina cum Dei ſacerdote celebramus, verecundiæ & diſciplinæ memores eſſe debemus: Non paſſim ventilare preces noſtras inconditis vocibus ; nec petitionem cõmendandam modeſte Deo, tumultuoſa loquacitate jactare. Quia Deus non vocis, ſed cordis auditor eſt. Nec admonendus eſt clamoribus, qui cogitationes hominum videt.

Saint Ierôme écrivant ſur S. Paul , ne ſe montre pas moins ſevere en cela. Et canere , *dit-il*, & pſallere & laudare Dominũ, magis animo quàm voce debemus. Hoc eſt quippe quod

Epigramme, d'une Pastorelle, ou d'un Madrigal, ont la temerité d'y vouloir faire reçevoir & lire publiquement, comme matiere de Religion & de mœurs, des ouvrages qui sortent de leur teste, grossis & enflez de quantité de rencontres de Grammaire, d'allusions froides, & de pointes pueriles & pitoyables; ne considerant pas, que tout cela est indigne de la sainteté & de la majesté de l'Eglise. Voicy les termes de cette Lettre: *Petis charissime mihi Guido Abbas, & tecum pariter qui tecum sunt fratres, dictare me aliqua vobis legenda solemniter, vel canenda in solemnitate Sancti Victoris, cujus apud vos corpus sacratissimum requiescit. Cunctanti instas, dissimulantem urges, meam etsi justam verecundiam dissimulans ipse: Adhibes mihi & alios precatores, quasi sit aliquid ad inclinandum me tuæ voluntati, tuâ ipsâ voluntate cogentius. Verùm tu vel proprio judicio consulens, cogitare debueras non affectum erga me tuum, sed meum in Ecclesia locum. Sanè altitudo negotii non amicum desiderat, sed eruditum, sed dignum; cujus auctoritas potior, vita sanctior, stylus maturior & opus illustret, & consonet sanctitati. Quantulus ego in populo Christiano, cujus litteræ in Ecclesiis lectitentur? Aut quantula mihi ingenii eloquiive facultas, ut à me potissimùm festiva & plausibilia requirantur?... Non quòd glorificatos ab Angelis, homines jam laudare non audeant: sed quia in solemnitate celebri non novella audiri decet vel levia, sed certè authentica & antiqua, quæ & Ecclesiam ædificent, & Ecclesiasticam redoleant gravitatem. Quòd si nova audire libet, & causa requirit: ea, ut dixi, recipienda censuerim, quæ cordibus audientium quò gratiora, eò utiliora reddat & eloquii dignitas & auctoris. Porrò sensa indubitatâ resplendeant veritate, sonent justitiam, humilitatem suadeant, doceant æquitatem; quæ etiam lumen veritatis mentibus pariant, formam moribus, crucem vitiis, affectibus devotionem, sensibus disciplinam... Nunquid talis ego, aut talia quæ paravi? Et tamen de paupertate mea te pulsante, te inquietante, etsi non quia amicus es, certè ob tuam importunitatem surgens, juxta verbum Domini, præstiti quod petisti.... Servatâ antiquorum veritate scriptorum, quæ tu mihi transmiseras, de vita Sancti duos Sermones dictavi qualicumque sermone meo: illud quantum potui cavens, ut nec brevitas obscuros, nec prolixitas redderet onerosos. Deinde quod ad cantum spectat, hymnum composui, metri negligens, ut sensui non deessem.*

Et enfin il acheve cette Lettre par des paroles qu'on prend la liberté de s'appliquer, & qu'on adresse à tous ceux qui pourront voir & tirer quelque profit du peu d'Instructions qu'on a données dans cet Essay: *Et pro his omnibus mercedem flagito, sequor retributionem. Quidni sequar? Sive placeant, sive non, mea non refert:* QUI QUOD HABUI DEDI. *Ergò merces mea, oratio vestra.*

dicitur: *Cantantes & psallentes in cordibus vestris Domino.* Audiant hæc adolescentuli, audiant hi quibus psallendi in Ecclesia officium est, Deo non voce sed corde psallendum, nec in tragædorum modum guttur & fauces dulci medicamine collinēdas, ut in Ecclesia theatrales moduli audiantur, & cantica, sed in timore, in opere, in scientia scripturarum.

S. Gregoire dans ses Morales sur Iob, lib. 22. c. 13. *en rend cette raison;* Vera quippe postulatio non in oris est vocibus, sed in cogitationibus cordis. Valentiores namque voces apud secretissimas aures Dei non faciunt verba nostra, sed desideria. Æternam etenim vitam si ore petimus, nec tamen corde desideramus, clamantes tacemus. Si vero desideramus ex corde, etiam cum ore conticescimus, tacentes clamamus. *Et Saint Aug.* De orando Deum ad Probam. *en apporte une semblable:* Nã

Pour les autres qui n'en auront pas besoin, ou qui croiront avoir droit de les mépriser, soit parce qu'elles ne tomberont peut-estre pas entierement à leur sens, soit parce qu'ils en peuvent donner de meilleures, on se contente de leur dire ce que ce Saint a dit en une autre occasion : *Si vultis vos amovere [eas,] potestatem habetis. Non obsisto, non me oppono torrenti. Iniquè non egi. Si insipienter videor, in promptu est vobis insipientiam meam corrigere, aut si hoc dignius judicatis, etiam & punire. Dico tamen, si piè, si Christianè mecum agitur, corripiet me justus in misericordia, & increpabit me :* oleum autem peccatoris non impinguet caput meum.

plerumque hoc negotium plus gemitibus, quã sermonibus agitur; plus fletu quam affatu : & qui omnia per verbum condidit, humana verba non quærit.

S. Bernard enfin donnant tout à l'amour, dit dans le mesme sens au Sermon 67 sur les Cantiques. Habent suas voces affectus per quas se etiam cum nolunt, produnt. Flagrans ac vehemens amor præsertim divinus, cum se intra se cohibere non valet, non attendit quo ordine, qua lege, quave serie seu paucitate verborũ ebulliat, dummodo ex hoc nullum sui sentiat detrimentum. Interdum nec verba requirit, interdum nec voces omninò ullas, solis adhoc contentus suspiriis.

Et à toutes ces Voix un Echô répond :

NON CLAMOR SED AMOR, NON CLAMANS SED AMANS, SONANT IN AURE DEI.

AV LECTEVR.

CE ne seront point tous les raisonnemens qu'on pourroit faire pour établir ou pour appuyer cette Methode, qui la feront recevoir : ce ne seront point aussi les objections qu'on pourra apporter pour la combattre, qui empescheront qu'elle ne soit receuë. C'est à l'experience seule qu'il appartient d'en decider, & d'en juger souverainement. Si l'on voit que cette Invention ne facilite & n'abrege pas l'Art de Chanter, ainsi qu'on l'avoit promis, elle sera sans doute rejettée, & avec raison ; si au contraire, l'on trouve qu'elle fait avantageusement tous les deux, & qu'elle n'a point excedé dans ses promesses, il y a toutes les apparences qu'elle sera receuë. On se porte facilement à ce qui exemte de peine, & il est doux d'acquerir sans beaucoup de traverses, un bien qui nous est ou avantageux ou necessaire. Lors qu'un homme est pressé de la faim & de la soif, il faudroit estre extrémement dépourveu de raison pour croire, qu'on fait une chose qui luy est onereuse & desagreable, & qu'on s'expose à en estre mal receu, lors qu'on tâche de le soulager, & qu'on luy presente tout preparez les alimens qui peuvent luy servir de remede, & appaiser l'une & l'autre. On est convaincu au contraire, que comme il n'est point necessaire d'user de violence, ny d'employer d'artifices pour obliger cet homme à manger, de mesme il seroit inutile de chercher des figures, & de se servir de raisonnemens pour luy persuader qu'il doit s'en abstenir.

Pour ne parler icy qu'en general, il y a une infinité de lieux où les Eglises ont besoin de Livres, les Fideles de plus d'édification, l'Office divin d'estre mieux fait : Et dans la pluspart des Paroisses de la campagne, (si ce n'est pas en France, c'est ailleurs, ou plustost c'est en France & ailleurs,) il n'y a ny Livres de Chant, ny science de Chant, ny ordre de Chant ; Et bien plus, il ne s'y voit ny Maistres qui puissent l'enseigner, ny personne qui veüille ẽ resoudre, ny beaucoup moins s'assujettir à l'apprendre, à cause les difficultez, des embarras, & des longueurs invincibles qui s'y rouvent. D'où il arrive par une fâcheuse & inévitable necessité, que si le service Divin n'y est pas entierement omis, il y est au noins fort souvent tronqué & peu solemnellement celebré, dans es jours mesmes les plus solemnels. Les Chœurs y sont deserts & nt besoin de voix, les voix ont necessité de Maistres, & les Maistres manquent de methode, & d'une methode facile. Enfin e temps est precieux, *Ars longa, vita brevis:* celuy de l'enfance 'écoule aussi bien que l'autre; mais avec cette difference, qu'en 'écoulant il se perd tout à fait, & que dans un âge plus avancé 'on en sauve au moins ce que l'on peut, & l'on ne perd pas tout. l seroit donc grandement à souhaitter, & pour le service de 'Eglise, (où il est honteux de voir, que la pluspart non seulement es enfans, mais des hommes, & des hommes faits, & des hom- nes d'esprit, ne sçavent le plus souvent à quoy s'y occuper, en- ore qu'ils n'y fassent pas longue demeure,) & pour le contente- nent des Peres & des Meres: en un mot, tant pour l'utilité parti- uliere de la Jeunesse,[a] que pour la satisfaction de tout le monde,[b] u'on eut trouvé un moyen pour faire employer utilement le ems dans ce premier âge,[c] où la raison ne fait que se former; & ù l'on n'est point encore capable de s'appliquer à des choses erieuses & importantes. On n'en connoist point de plus propre y qui s'accorde mieux avec les Lettres, que l'étude de la Musi- ue,[d] puis qu'il n'y en a point de plus divertissant, ny de plus in- ocent: Et l'on n'en voit point toutefois qui soit plus negligé, arce qu'il n'y en a point qui soit plus obscur, ny plus difficile à aincre.[e]

Voilà la faim, voilà la soif, voilà le mal; & si l'on ne se trompe, e que l'on presente icy dans l'esperance de les soulager, en doit stre l'unique remede. SI EMIS, NON MAGNI; SI DISCUTIS, ON PARVI PRETII EST. *[f]

* Ce n'est pas qu'on ne soit autant ou plus persuadé qu'aucun, du peu d'estime que merite tte Invention considerée en soy; & qu'on ne sçache assez, que cinq ou six Chiffres disposez une maniere ou d'une autre, ne sont pas un grand fond de vanité, ny un sujet de s'en ire beaucoup accroire: mais c'est qu'on la regarde icy par rapport à son objet & à sa fin, que l'on ne doute aucunement, que si elle peut avoir le bonheur de contribuer en quel- ue maniere à la gloire de Dieu, au service de l'Eglise, à l'édification des Fideles, & à l'u- ité du Public, cela ne releve infiniment sa bassesse, & ne luy donne vn prix & des avanta- es, qu'autrement elle n'oseroit jamais esperer, ny son Auteur se promettre.

Au reste, ceux qui auront pris la peine de lire cet Essay, y auront esté surpris particuliere- ent de deux choses, touchant lesquelles on doit s'excuser, & les satisfaire. La premiere, de que l'on a fait tant d'additions ou de notes, en marge, contre la coûtume ordinaire des utres Livres. La seconde, de ce que l'on n'a pas mieux justifié ou compassé les Nombres, qui nt le sujet principal de celuy-cy; ce qui y auroit, sans doute, apporté plus de clarté & plus grace, & mesme en auroit facilité davantage la pratique.

a *Adeò in teneris consuescere multum est.* Virg.

b Cantica verò divina cantare, etiam manibus operantes facile possunt, & ipsum laborem tanquam divino celeûmate consolari. An ignoramus opifices quibus vanitatibus & plerũque etiam turpitudinibus theatricarum fabularum donent corda & linguas suas, cum manus ab opere non recedant? Quid ergo impedit servum Dei manibus operantem *in lege Domini meditari, & psallere nomini Domini altissimi?* Aug. *lib. de opere monach. c.* 17.

c Utendum est ætate, cito pede labitur ætas: Nec bona tàm sequitur, quàm bona prima fuit. *Ovid.*

d Adde quòd ingenuas didicisse fideliter Artes, Emollit mores, nec sinit esse feros. *Idem.*

e Revera crux & tortura ingeniorum tenellorum. *David Mostart.*

f *Turtur.* Turturis vox non dulce admodùm sonat, sed signat dulcia *S. Bern. sup. Cantic. Ser.* 59.

Pour les additions, ce sont des pensées qui sont venuës aprés coup, & dont on a miet aimé charger les marges que de les ômettre tout à fait, parce que l'on a jugé qu'elles cont noient quelque utilité, & que cela devoit les rendre supportables, pour le moins dans un Essa On a cité des passages que l'on a crû estre édifians, & on ne les a point traduits, à cau qu'on s'estoit resserré dans de certaines bornes qu'il auroit fallu necessairement passer : joi qu'on n'y parle gueres qu'aux gens du mestier, c'est à dire, qu'aux Ecclesiastiques, ou d'autres personnes qui les entendent assez sans traduction.

Quant à la justesse & à l'exactitude qu'il faudroit dans les Nombres ; Si l'on eust pû estre A teur & Imprimeur tout à la fois, avoir autant de tems en sa disposition que l'on en avoit p & faire que les Ouvriers eussent pû donner un Chef-d'œuvre en faisant leur premier Essay eu mesmes, l'on auroit icy une grande partie de ce qui y manque,* & que l'on a raison d'y so haitter : mais nul n'est parfait du premier coup, & un seul homme ne sçauroit tout faire NON OMNIA POSSUMUS OMNES.

** C'est un bonheur qu'il ne s'y soit pas fait de plus grandes fautes. On n'en a remarqué dans le Chant des Messes, pour lequel on craignoit le plus, que quatre essentielles, ou qui changẽt le ton naturel ; il est aisé de les corriger avec la plume.*

Dans la Quatriéme M. pag. 38. colon. 1. ascendit, il faut 6 au lieu de 4 Colon. 2. gloria, il faut 3 au lieu de 5 : Et dans la Sixiéme, pag. 40. col. 2. de cœlis, il faut 5 au lieu d'1 Et plus bas, Virgine, il faut 2 au lieu de 4. Il y a aussi 3. ou 4. Nombres où il ne faut pas de Point ; On doit l'oster, pag 34. col. 1. Filius Patris d'aprés, 2 Col. 2. facta sunt, d'aprés 2 : Et pag 39. col. 1. nobis. Quo- d'aprés 1 Et plus bas, terræ, d'aprés 1 encore. Il y en a quelques autres, où les Points n'ont pas porté, & qu'il y faut mettre. p. 34. col. 1. Factorem, aprés 2. Col. 2. Maria, aprés 2. Et plus bas, vivificantem, aprés 2.

DE L'HARMONIQUE.

ON a aussi trouvé un Instrument qu'on nomme un HARMONIQVE *lequel est comme une Methode sensible qui fixe agreablemen l'imagination, & pour ainsi dire, qui fait entrer le Chant dans l'espr autant par les yeux que par les oreilles. Cet Instrument sera tres-uti pour toutes les personnes qui desirent apprendre cet Art, au jugement ceux qui en ont veu le dessein, & qui ne l'ont pas moins estimé que l'In vention de la Methode. Il n'est gueres plus grand que la Table d'un montre, ou qu'une de ces medailles antiques, & on peut ou le grave ou le frapper de mesme. Il est à deux faces, & sur ces deux faces, contient en petit volume, tout ce qu'il y a d'essentiel & de plus beau dan l'Art. Il donne une ouverture & une facilité tres-grande pour appren dre le Plein-Chant & la Musique. Il exempte ceux qui commencen de l'embarras des Livres, & est fort propre pour les personnes deli cates, qui n'aiment pas beaucoup ny la fatigue, ny ce qui peut gesner. O le tient dans la main, on se proméne, & en se promenant on s'exerce chanter & à repeter dessus ce que l'on veut, & un Maistre y enseigne, n faisant que se divertir, les premiers Elemens de l'Art, & l'Intonatio de toutes sortes d'Airs, suivant cette Methode ; lesquels s'impримen par ce moyen bien plus nettement dans l'esprit, & qu'on retient beaucou mieux. Mais ce que l'on estime davantage en cet Instrument ; c'est qu' n'y a rien de plus simple, & qu'on prétend que lors qu'on se le sera rendu familier, ce qui n'est point difficile, il en resultera deux choses qui pour le moins seront tres-curieuses, si elles ne sont pas tres-utiles.*

La premiere est, que si l'on entend quelqu'un chanter, & qu'o arreste les yeux sur cét Instrument, on y suit aussi-tost cette voix à la piste, & pourveu qu'on en entende distinctement tous les Sons, on peut noter facilement tout ce qu'elle chante.

Cecy ne doit pas paroistre incroyable à quiconque considerera qu'on remarque exactement sur les lignes d'un Cadran, la course & les decli aisons du Soleil, & qu'il y a des Instrumens dans les Mathematiques & dans les Mechaniques, qui ont des effets encore plus surprenans & lus admirables que cela.

La seconde chose que l'on y remarque, est, que lors que l'on veut omposer vn Air ou quelque autre Chant que ce soit, on peut choisir sur et Instrument les Tons & les accords qui plaisent davantage, & qui iennent le mieux au sujet; changer, retrancher, ajoûter, corriger nfin ce que l'on compose, de la maniere que l'on veut, sans neantmoins estre bligé d'y faire aucune rature, (car tout cela se fait avec les yeux & a voix) ny mesme de mettre la main à la plume, si ce n'est lors que l'on rouve la Composition à son gré, & qu'elle est dans l'état où l'on veut u'elle demeure. Si la Methode est receuë, cet Instrument qui la surasse & qui la renferme, la suivra de prés: on espere le faire graver & rapper, en mesme temps que les caracteres que l'on medite, & ceux dont n pourra recevoir quelque avis.

CEux qui aimeront à apprendre le Chant par cette Methode, peuvent encore se servir d'un moyen dont on n'a point parlé dans le Discours, lequel est fort seur & fort promt, au oins on le croit ainsi; c'est de faire reduire par Nombres les plus beaux Airs qu'ils sçavent hanter facilement & parfaitement par memoire, (il n'y a personne qui n'en sçache assez,) les chanter ensuite dans la perfection que l'on suppose qu'ils les sçavent, sur le papier ou cet Harmonique, ce qui sera encore plus facile; car comme le propre de ces Signes est de point changer, & que la proportion, qui est inseparable des Nombres, est necessairement mesme, quand les mesmes Nombres se rencontrent, un Air ou un Chant fera apprendre l'aue, indubitablement, & il arrivera, qu'en peu de temps l'on se trouvera insensiblement fort ssûré, & mesme universel dans la pratique de cet Art.

FORSAN ET HÆC OLIM MEMINISSE JUVABIT.

PRIVILEGE DU ROY.

LOVIS PAR LA GRACE DE DIEV, ROY DE FRANCE ET DE NAVARRE: A nos amez & feaux, les Gens tenans nos Cours de Parlement, Maistres des Requestes ordinaires de nostre Hostel, Baillifs, Seneschaux, Prevosts, leurs Lieuenans, & autres nos Iusticiers & Officiers qu'il appartiendra, Salut. Nostre cher & bien mé le R. P. IEAN IACQVES SOVHAITTY Religieux de l'Ordre de S. François, Nous tres-humblement remontré, qu'il a inventé & composé *Vne nouvelle Methode pour pprendre* LE PLEIN-CHANT ET LA MVSIQVE *avec beaucoup de facilité; par le oyen de laquelle le Chant se trouve entierement débarassé de Clefs, de Notes, de Lignes, e Muances, &c.* lequel Livre il desireroit faire imprimer, s'il nous plaisoit luy accorder nos ettres de permission sur ce necessaires. A CES CAVSES, Voulans favorablement traiter edit P. SOVHAITTY, Nous luy avons permis & accordé, permettons & accordons par ces resentes, de faire imprimer, vendre & debiter par tel Libraire & Imprimeur qu'il voudra hoisir, ledit Livre: ensemble tous les Livres, soit de Plein-Chant ou de Musique, notez de a maniere proposée dans cette Methode, en tel volume, marge, caractere, & autant de ois que bon luy semblera, dans toute l'étenduë de nostre Royaume, Terres & Seigneuries e nostre obeïssance, & de plus, d'y faire graver par tel Graveur qu'il voudra, des Tables, vn Instrument appellé HARMONIQVE, pour servir à mesme fin, durant le temps de ingt années, à compter du jour que chacun desdits Livres de Plein-Chant & Musique seront chevez d'imprimer pour la premiere fois en vertu des presentes. Faisons tres-expresses inhiitions & défenses à tous Libraires, Imprimeurs & autres, d'en imprimer ou faire imprimer, vendre, ny debiter aucun d'iceux, sous pretexte d'augmentation, correction, changeent de titre, fausse marque, ou autrement, & en quelque sorte & maniere que ce soit: Et

Pag. 35. col. 1. gloria tuâ, aprés 2. encore. Pag. 36. col. 1. aprés le premier 1. du premier Kyrie: Et plus bas, aprés le cinquiéme 1 du second. Et enfin, pag 37. col. 2. Dominus, aprés les deux derniers 1. La syllabe Italique qui se voit dans ces mots est la partie offensée.

On espere, Dieu aydant, estre entierement dégagé de tous ces fâcheux embarras, dans la premiere impression qui se fera tout de bon. Et si quelques-uns veulent copier ces Messes, ou quelque chose de semblable, on leur conseille de ne se point servir de [l], qu'on n'a mise icy que par une grande necessité, & de mettre au lieu, sur les Nombres qu'il faut entonner legerement, ou une bréve ∪ comme on l'a marquée lors qu'on a parlé de la Musique, ou bien l'un de ces 2. accens, [è é] grave ou aigu, n'importe lequel, car ce sont tous signes purement arbitraires.

à tous Marchands étrangers, Libraires & autres, d'en apporter en ce Royaume d'autre impression que de celles qui auront esté faites du consentement dudit Exposant, ou de ceux qui auront droit de luy, à peine de trois mille livres d'amende payables sans déport, par chacun des contrevenans, appliquables vn tiers à Nous, vn tiers à l'Hostel-Dieu de Paris, & l'autre tiers audit Exposant, confiscation des Exemplaires contrefaits en France ou ailleurs, & de tous dépens, dommages & interests, à condition qu'il sera mis deux Exemplaires de chacun desdits Livres dans nostre Bibliotheque publique, vn en celle du Cabinet de nos Livres en nostre Chasteau du Louvre, & vn dans celle de nostre amé & feal Chevalier Chancelier de France le sieur d'Aligre, avant que de les exposer en vente, à peine de nullité des presentes. SI vous mandons, que du contenu en icelles vous fassiez joüir & vser ledit Exposant, pleinement, paisiblement, & ceux qui auront droit de luy, cessant & faisant cesser tous troubles & empeschemens à ce contraires. VOULONS aussi, qu'en mettant au commencement ou à la fin desdits Exemplaires autant des presentes, elles soient tenuës pour deuëment signifiées, & que foy y soit ajoûtée, & aux Copies collationnées par vn de nos amez & feaux Conseillers & Secretaires, comme à l'Original. MANDONS au premier nostre Huissier ou Sergent sur ce requis, de faire pour l'execution d'icelles tous exploits necessaires, sans demander autre permission; nonobstant clameur de Haro, chartre Normande, & autres Lettres à ce contraires. CAR tel est nostre plaisir. Donné à S. Germain en Laye le huitiéme jour d'Avril, l'an de grace mil six cens soixante & dix-sept, & de nostre regne le trente-quatriéme. Signé, Par le Roy en son Conseil, DESVIEUX.

Registré sur le Livre de la Communauté des Marchands Libraires & Imprimeurs de Paris, le 13. Avril 1677. suivant l'Arrest du Parlement du 8. Avril 1653. & celuy du Conseil Privé du Roy du 27. Fevrier 1665. Signé, THIERRY. Syndic.

Les Exemplaires ont esté fournis.

PERMISSION DES SUPERIEURS.

FRere GERMAIN ALLART, *Commissaire General de tout l'Ordre de S. François dans le Royaume de France. A nostre tres-cher & bien aimé en* IESUS-CHRIST, *le* R. P. IEAN IACQUES SOUHAITTY, *Religieux de l'Observance, de la Province de France Parisienne.* SALUT *en nostre Seigneur.*

COMME vous nous avez humblement representé, que vous desiriez avec nostre benediction, mettre au jour une Methode toute nouvelle que vous avez inventée, pour apprendre le Plein-Chant & la Musique avec beaucoup de facilité: Nous, qui sommes tres-particulierement engagez par le deub de nostre Charge, de procurer autant qu'il est en nous, la gloire de Dieu, le bien de l'Eglise, & l'utilité du Public; Par la teneur des presentes signées de nostre main, & scellées du grand sceau de nostre Office, vous permettons de faire imprimer par tels Libraires & Imprimeurs de ce Royaume qu'il vous plaira, conformément au Privilege que sa Majesté a bien voulu vous accorder le 8. du present mois d'Avril 1677. la susdite Methode, & tous les Livres qui peuvent dépendre de cette Invention, & qui se pourront imprimer à l'avenir pour les mesmes fins; gardant au surplus, les Saints Canons de l'Eglise, les Reglemens de l'Estat, & les Statuts de nostre Ordre, où il sera besoin. Donné à Paris ce 14. Avril 1677. en nostre Convent des Recollets. Signé, F. GERMAIN ALLART, Commissaire General. Et plus bas: Par le commandement du Reverendissime Pere Commissaire General, F. MACAIRE DU BUISSON Secretaire General.

www.ingramcontent.com/pod-product-compliance
Ingram Content Group UK Ltd.
Pitfield, Milton Keynes, MK11 3LW, UK
UKHW021016180726
13838UKWH00004B/1556